JN155139

コミュニケーション実践トレーニング

杉原 桂・野呂幾久子・橋本ゆかり
Katsura Sugihara, Ikuko Noro, & Yukari Hashimoto

Communication Practice Training

ナカニシヤ出版

はじめに

①テキストの目的

「コミュニケーション上手な人になりたい」。そんな言葉を入学したばかりの学生さんからよく聞きます。では，「コミュニケーションが上手な人ってどんな人？」と聞くと，「誰とでも楽しく会話ができる人」「人の話を親身になって聞ける人」「人に嫌われない，まわりから浮かない振る舞いができる人」など，さまざまな答えが返ってきます。どれも大切なことですよね。では，それは何のためなのでしょう。おそらくその先に，「仲間を沢山作りたい」「人の気持ちに寄り添いたい」，あるいは「仲間の輪から外れたくない」などの思いがあり，またその先には，「人との交流を楽しむ」「人を支える」「人と協調しながらやってゆく」など，自分が望む状態や求めること，手に入れたいもの（目標：goal）があるのではないでしょうか。つまりコミュニケーションの力は，それを身につけること自体が目標というより，自分が求める人生を生きるために必要な資源（resource）なのではないかと思います。そうであるとすれば，資源としてのコミュニケーションの質を高めることが，その人の求める人生を送りやすくなることにつながります。つまり「コミュニケーションの質が人生の質につながる」のです。

では，「質の高いコミュニケーション」とはどのようなコミュニケーションなのでしょうか。コミュニケーションに正解はありません。もちろん，例えば人と話すときは相手に視線を向けた方が良いと言った，基本として大切なことはあります。しかしそこを超えると正解はないのです。A さんの話し方が魅力的だからと B さんがまねしても，同じように魅力的ではないかもしれません。また A さんの話し方は B さんから見て魅力的でも，C さんから見ると違うかもしれません。A さん，B さん，C さんはみな違う個性をもった人間だからです。このようにコミュニケーションは，「こんなやり方をすれば誰でも，誰とでも，どんな場でも必ずうまく行く！」というマニュアルはありません。だからこそ，自分のコミュニケーションの取り方，感覚の使い方，考え方のくせを知り，相手のそれにも気づき，その場に最適なコミュニケーションの取り方を選び，展開できる力，つまり「自分を知り他者を知る力」が必要なのです。

②テキスト作成の経緯

このような考え方に基づき，私たち著者は，ポジティブサイコロジー，アドラー心理学，七つの習慣，コーチング，ファシリテーション，Neuro Linguistic Programing（NLP）などを学びました。これらの中には，科学的エビデンスが十分示されていないものもありますが，ビジネスなどの分野では有用なモデルとしてすでに広く活用されています。これらの考え方に自分たちの教育観，教育実践経験を融合させ，「自分を知り他者を知る力」を伸ばすためのコミュニケーションの授業として再構成しました。その授業をこれまでにいくつかの医療系大学，総合大学，専門学校で行ってきましたが，ありがたいことに受講した学生さんたちからは，おおむね高い評価をいただいています。

教育効果については今後も検証を行っていく必要がありますが，これらの授業評価の結果や授業の手ごたえから，この授業の効果を感じています。そこで，授業内容をより広く使っていただけたらという思いで，テキストにしました。大学，専門学校，高等学校などの授業や実習，企業などでのコミュニケーション研修，あるいは自分でコミュニケーションの力を伸ばしたい方に活用していただけたら幸いです。

もちろん，コミュニケーションを体系だてて教えるということは，ある意味無理難題に近いことでもあります。本書が唯一の絶対解だとは思っていません。あくまで提案の一つです。いろいろな不備もあるかもしれませんが，これからも改良，改善を続けていくつもりですので，気がついたことがあればフィードバックをいただければ幸いです。

③テキストの構成

テキストは，第１章～第６章の６つの章から成っています。各章の流れは図 0-1 の通りです。

【第１章　信頼関係を築く（ラポール）】

はじまりはラポールです。「コミュニケーションはラポールにはじまりラポールに終

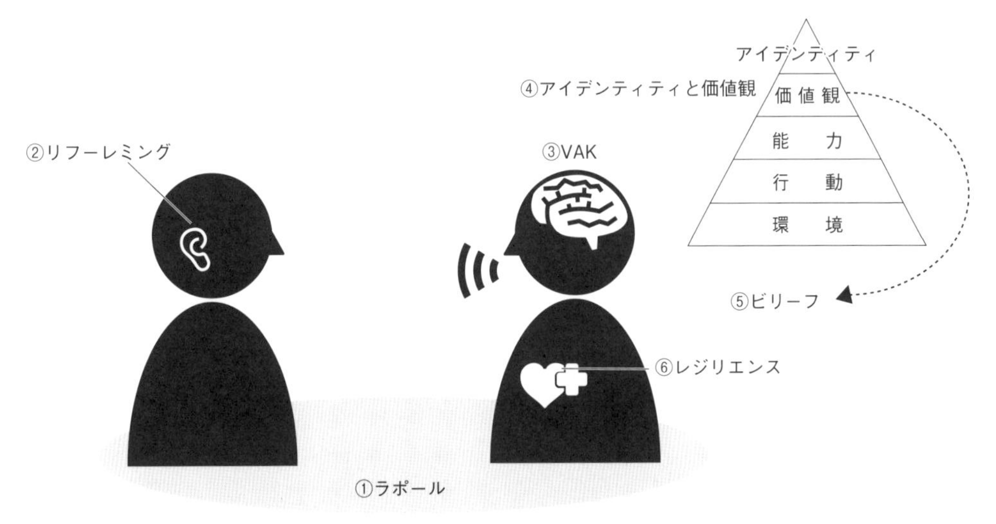

図 0-1　テキストの流れ

わる」とも言います。ここでは「相手との信頼関係」と読み替えていただいても構いません。まずは技術的に，人と信頼関係を構築する方法からはじめていきます。

【第2章　見方を変えてみる（リフレーミング）】

「聞く」よりも「聴く」という意識をもって相手の言葉を聴くことが大切です。相手の言葉をよく聴くと，ものごとをネガティブに捉えていたりポジティブに捉えていたりという方向性や，色付けや，重み付けといったものを区別することができます。それを新しい角度から言い直したり，別の色あいにしたり，もっと重さを変えるような言葉にすることで，お互いの理解をより深めていく可能性が広がります。

【第3章　それぞれが使っている感覚（VAK）】

言葉に意識を向けていくと，その内容が五感の影響を強く受けていることがわかります。 同じ場面に居合わせても，視覚を中心に活用している人と聴覚を中心に活用している人と体感覚を中心に活用している人では，それぞれ異なる理解をしたり，別の表現で人に説明しようとしたりするでしょう。それが時にはコミュニケーションの誤解を生じさせます。

【第4章　アイデンティティと価値観】

こんなふうに脳の中の使い方まで意識を広げると，別な角度で言葉を分析できることにも気がつきます。「自分が何者なのか」という認識が自分の行動を規定していることが分かれば，自分の脳内ルール，つまり価値観やその優先順位が，さまざまな場面において判断や意思決定を左右していることを発見するでしょう。

【第5章　人それぞれの価値観（ビリーフ）】

第4章の価値観の部分は重要なので，特別にとりあげて深くほり下げていきます。 自分がしている「良い／悪い」の判断，相手がしている「良い／悪い」の判断がいったいどこからくるのか，人の健康にも深い影響を与えている価値観とは何かを考えます。

【第6章　折れない心（レジリエンス）】

最後には，ここまで学んできたからこそ向き合える，自分自身の心の柔軟性，竹のようにしなやかな心へ成長していくステップを解説していきます。

④テキストの使い方

このテキストは，大学，専門学校，高校などの一斉授業で用いることを想定していますが，少人数の授業や研修，セラピーでお使いいただいたり，あるいは関心をおもちの方にお読みいただいたりしても結構です。第1章から始めると理解しやすいと思いますが，必要な章だけを取り上げて使ってくださっても結構です。

Part Ⅱは「実習シート編」になっています。大まかな授業の進め方としては，「学生さんが実習をする→実習シートで振り返る→本文の説明を読み理解を深める」というステップを想定しています。

各章に出てくる重要な言葉（key word）をコラムの中で簡単に解説したので，参考になさってください。

さらに，このテキストを用いて授業を行う方の参考のために，授業の進め方やコミュニケーション授業のコツなどを記載した「教師用参考書」を用意しました。よろしければそちらも参考になさってください（入手方法については巻末をご覧ください）。

目　次

Part Ⅰ
本 文 編

01 信頼関係を築く（ラポール）

「ラポール」という言葉を聞いたことはありますか。「ラポール」は心理学の言葉で，「人と人が相互に信頼し合う関係」を意味します。互いに心が通い合っている，理解し合えていると感じられる関係です。コミュニケーションはお互いの信頼関係の上に成り立ちます。この章で，どうしたら人と信頼関係を築きやすくなるのか，一緒に考えていきましょう。

01-01 聞き方が話を左右する

まず人の話を聞くときの聞き方によってどのような違いが起こるのか，実習 1，2 で体験してみましょう。

【実習 1】2 人ペアになり，話し手が聞き手に 1 分間，「最近あったこと」を話します。聞き手はその間，目線をさけて，うなずいたり笑ったりといった反応をせず，話を聞き流すようにします。

【実習 2】2 人ペアになり，実習 1 と同じテーマで，話し手が 2 分間話します。聞き手はうなずいたり，相づちをうったり，「そうなんだ」「すごいね」といった短い言葉を返したり，アイコンタクトを取ったりしながら，積極的に話を聞きます。

終わったら，実習シート（☞ p.47）に，実習 1，2 の振り返りを書きます。

どうでしたか。ほとんどの人が，聞き流されたときより積極的に聞いてもらったときの方が話しやすかったのではないでしょうか。それだけでなく，話し方や話す内容，話す量も違った人もいるかもしれません。このように，聞く人がどんな聞き方をするかは，話す人の話しやすさはもちろん，時にはどれだけの量をどれだけ深く話すかにも影響します。コミュニケーションというと「いかに話すか」に関心を向けがちですが，「いかに聞くか」もそれと同じくらい重要なのです。

そして，授業が始まる前と実習1，2を終えた今を比べてみてください。自分とペアの相手の心の距離が少し近くなったように感じる人はいませんか。これが「ラポールがかかった」状態です。ラポールを築くことができると相手との距離が縮まり，前より一緒にいて楽な感じがします。警戒心が薄れて，お互いのことを素直に話しやすくなります。そうなるとコミュニケーションのすれ違いが起こりにくく，お互いにより深い話ができるようになります。ぜひ今の感覚を覚えていてください。

01-02 ラポールを築くための3つの技法

ラポールを築きやすくするための3つの技法があります。「バックトラッキング」「ペーシング」「ミラーリング」です。ここでは最初の2つを練習し，ミラーリングについては紹介だけします。

①バックトラッキング

バックトラッキングとは，言葉による「伝え返し」です。伝え返しにはさらに，「キーワード」「語尾」「要約」という3種類があります。キーワードは相手の話の中の鍵となる言葉を伝え返すこと，語尾は相手の言葉の語尾をそのまま同じように伝え返すこと，要約は相手の話を短くまとめて伝え返すことです。下の聞き手のような例です。

◆ バックトラッキングの例

話し手：先週の日曜日に友達と映画を見に行ったんですけど，映画館が新宿だったので中央口で待ち合わせて，

聞き手：日曜に・友達と・新宿で・映画 ―――― ☜ キーワードをどれか選んで返す
待ち合わせをしたんだ。―――― ☜ 語尾を返す場合

話し手：そうです。待ち合わせてお昼を食べようとしたらどこも一杯で，でも映画が始まってしまうので焦って，

聞き手：焦るよね，それで？―――― ☜ 語尾を返す場合

話し手：とりあえず映画館で何か買おうと思って入ったら，なんにも売ってなくて，

聞き手：あ～，売ってなかったんだ。―――― ☜ 語尾を返す場合

話し手：仕方がないから2時間我慢してたら，

聞き手：2時間も！ ―――――――――――――――― ☜ キーワードを返す場合
話し手：お腹がすいて映画はなんだかよくわからなかったです。
聞き手：空腹で映画みて大変だったんだね。 ――――――――― ☜ 要約する場合

あくまで会話を円滑にするのが目的で，人の話を真剣に聞くための方略です。キーワードや語尾は，話した人の言葉をできるだけ正確に繰り返すことが重要です。大きく変えてしまうと相手は心の中で「あ，そうじゃなくて…」と流れを止めてしまいます。実習3で練習してみましょう。

【実習3】2人ペアになり，話し手が聞き手に1分間，「最近あったこと」を話します。聞き手はキーワード，語尾を伝え返しながら聞きます。話が終わったら要約して返します。2分間が終わったら，役割を交替して同じことをします。

初めてなので，バックトラッキングをした側もされた側も多少不自然な感じがしたかもしれません。でも聞き上手と言われる人の聞き方を観察してみてください。これらのことを自然にやっています。そして，

話し手：あきらめないことが大事だと思って，最後までがんばりました。
聞き手：がんばったんですね。
話し手：でもすごく辛かった。
聞き手：それは辛かったでしょうね。

というように，相手が大切にしていること，わかって欲しいことをバックトラッキングすると，相手への共感となり，より深いラポールにつながりやすくなります。

②ペーシング

バックトラッキングが言葉を伝え返すのに対し，ペーシングは非言語，その中でも相手のペース（呼吸，声の高低，話すスピードやリズム）を合わせて返します。例えばみなさんにとてもうれしいことがあったときに，明るく弾んだ声で「ねえねえ聞いて」と友達に言ったとします。そのときに，同じように明るく弾んだ声で「どうしたの？」と友達に言われたときと，暗く小さな声で「どうしたの？」と言われたときでは，前者の方が嬉しさが増す気がしませんか。このように，相手の話し方のペースに合わせると，ラポールがかかりやすくなります。実習4でペーシングの練習をしてみましょう。

【実習 4】2 人ペアになり，話し手が聞き手に２分間，「最近あったこと」を話します。聞き手は話し手の声の高低，速さ，強さ，リズムを合わせながら（ページングをしながら），バックトラッキングもします。２分間が終わったら，役割を交替して同じことをします。終わったら，実習シート（☞ p.49）に，実習３，４の振り返りを書きます。

③ミラーリング

ミラーリングは非言語のうち相手の姿勢や動きを伝え返します。相手が前かがみになったら自分も前かがみに，足を組んだら自分も組むというように。みなさんも気の合う友達と話すときに，同時に笑ったり，体を傾けたり，手を叩いたりということがありませんか。このように，お互いがミラー（鏡）になったように，相手と同じ姿勢や動きをすることがミラーリングです。ただし，このような姿勢や動きは無意識に起こるものなので，意識的にやりすぎると相手が不快に感じる可能性があります。実習は省きますが，ミラーリングというものがあることを心にとめてください。

01-03 ラポールと聴くこと

国語の授業では従来「読む」「書く」が中心で，最近はこれに「話す」が加わるようになりましたが，「きく」ことについてはあまり教育が行われてきませんでした。それは，きくことが音を耳に入れるだけの「受け身の活動」だと思われてきたためです。しかし，「きく」には「聞く（hear）」と「聴く（listen）」があります。「聞く」は受動的に音を受け取りますが，「聴く」は能動的に相手を理解しようとしてきく活動です。実習 1，2 の二種類の聞き方で体験したように，聴くことによって沢山の深い話を相手から引き出すことができます。コミュニケーションでは聴くことが非常に重要なのです。バックトラッキング，ペーシングなどを用いて相手の言葉や非言語を伝え返しながら聴くことで，相手とのラポールが築かれやすくなります。これから周りの人を観察して，バックトラッキングやペーシング，そしてミラーリングをしている人を探してみてください。そして自分でも実践してみてください。

◉コラム 1 「ラポール（rapport）」とは

「ラポール」は心理学の用語で，人と人の間に存在する相互信頼関係を指します。はじめは心理療法を行うセラピストとクライエントの間に起こる，互いに信頼し合い自由に安心して感情の交流ができる関係が成立している状態を表す言葉として用いられました。現在は心理療法だけでなく，コミュニケーション，医療，教育，ビジネスなどさまざまな領域で使われています。

【参考文献―さらに理解したい方のために】

Hall J. A., Roter, D. L., Blanch, D. C., & Frankel, R. M. (2009). Observer-rated rapport in interactions between medical students and standardized patients. *Patient Education and Counseling,* **76**(3), 323–7.

Matthew J. L. (2005). Rapport: A key to treatment success. *Complementary Therapies in Clinical Practice*, **11**(4), 262–265.

02 見方を変えてみる（リフレーミング）

人や出来事を見るときのフレーム（枠組み）が変わると別の見方が生まれることがあります。「リフレーミング」とは「re（再び）」＋「frame（枠組みを作る）」ことです。人はそれぞれ自分のものの見方，感じ方，考え方の枠組みをもっています。その枠組みをちょっと変えてみる，つまり違う見方や感じ方，考え方をしてみることがリフレーミングです。リフレーミングをすることで自分や他の人の視野や考えの枠が広がり，お互いの理解が深まる可能性も広がります。

02-01 パラダイム

さっそくですが，まずゲームを通して「パラダイム」という概念を理解しましょう。

【実習１】実習シート（☞ p.51）に書かれた短所を長所に書き換えます。終わったら２人ペアになり，他の言い換え方の可能性はないか，どの言葉が書きやすかった／書きにくかったかなどについて話し合います。

実習１では，人の性格を「短所→長所」という正反対の視点から言語化してみました。トーマス・クーンが書いた『科学革命の構造』という本で，「パラダイム」という概念は有名になりました。ここでは「ある時代のものの見方や考え方を支配する認識の枠組み」という意味だと思ってください。「コペルニクス的転回」という言葉を聞いたことはありませんか。コペルニクス以前の天動説を信じる人々は，地球が宇宙の中心にあると信じていました。しかし，コペルニクスは天体観測したデータから，回っているのは太陽ではなく，地球が太陽の周りを回っているのだと主張しました。

このような例として医療の分野ではピロリ菌の発見があげられます。かつて胃がんは胃潰瘍が悪化して起こると信じられていました。しかしオーストラリアの医師が「ピロリ菌が胃がんの原因である」とつき止めてから，治療のそのものが変わりました。このように，その時代や分野では当然と考えられていた見方や認識，価値観，つまりパラダイムが大きく転換することを，「パラダイムシフト」といいます。実習１で体験した人の性格の短所が見方を変えると長所に見えるというのも，社会や時代よりはずっと小さな規模ではありますが，一種のパラダイムシフトです。

02-02 リフレーミング

科学でさえ，これほど考え方に左右されるのですから，ましてや私たち個人レベルでは言うまでもなく思い込みに左右されている部分は少なくないでしょう。それまで当たり前と思っていたことですから，人々がもっているパラダイムを変えることは容易ではありません。パラダイムを変える一つの方法が，言葉のリフレーミングをすることです。はじめに述べたように，それぞれがもっているものの見方，感じ方，考え方の枠組みを少し変えて，違う見方，感じ方，考え方にリードすることがリフレーミングです。それまでもっていたパラダイムが少しだけ緩んだり広がることがあります。実習２～４で考えてみましょう。

【実習 2】実習シート（☞ p.53）の 1）に書かれた欠点のリストの中で，自分に当てはまると思うものを 3 つ以上選び，チェックをつけます。そして 2）に，なぜそう思うのかを書きます。

【実習 3】グループになり，一人が実習シート（☞ p.53）に書いた欠点を一つ読み上げます。残りの人は順番に，その欠点を長所として言い換えます。全員が言い換えたら，2 つ目の欠点で同じことをします。2 分間が終わったら，役割を交替して同じように続けます。実習が終わったら，実習シート（☞ p.55）にふり返りを書きます。

人前で長所を言われると何だか恥ずかしい気持ちになるかもしれませんが，別の見方からはそう見えるということなので，まずはその言葉をしっかり受け取りましょう。そして，「なるほど，こういう見方もあるんだな」と考えましょう。また，短所を長所に言い換えてもらうと，短所が否定されたように感じる人もいるかもしれません。でもリフレーミングは相手の見方を否定するのではなく，「あなたはそう思っているのですね。そしてこういう見方もありますよ」と，新たな見方を提案するものです。

欠点を長所という違う枠組み（フレーム）から見直すことによって，自分や他の人の考えや認識が少しだけ変わってきた，そんな体験が得られたでしょうか。そのほんの小さな変化が，自分だけでなく，人や物や出来事に対する，時には狭すぎたり，一面的であったり，ネガティブすぎたりする見方を緩め，別の面や可能性に気づかせてくれることがあります。

リフレーミングは人から言われた言葉だけでなく，本やマンガや映画などの言葉によっても起こることがあります。例えば次のような言葉は，別の見方を示すことでリフレーミングを起こし，その人を勇気づけたり，悲しみを軽くしたり，やる気をださせたりします。

「サッカーは強いものが勝つんじゃない。勝ったもんが強いんだ」（高橋陽一『キャプテン翼』より）
「一度あったことは忘れないもんさ。思い出せないだけで」（宮崎　駿［監督］『千と千尋の神隠し』より）

みなさんにとって，それはどんな言葉だったでしょうか。実習 4 で思い出してみましょう。

【実習 4】今まで読んだり見たりした本やマンガ，映画のセリフの中で，好きだったものや印象に残っているものを思い出し，その理由を考えます。それを実習シート（☞ p.57）に書きます。次にグループになり，一人ずつ順番に書いたことを説明します。1 分間が終わったら，役割を交替して同じことをします。

どうでしたか。本やマンガ，映画などのセリフによって感情が揺さぶられたり，考え方が変わったり，あるいは今までと違う判断基準で行動を選択するようになった人もいたのではないでしょうか。

02-03　リフレーミングすると

リフレーミングにはいろいろな可能性があります。例えば前向きに考えられるようになる可能性です。実習でリフレーミングしたら短所が長所に見えたように，短所と長所はコインの表裏のようなものです。自分について，「優柔不断だ」「スポーツが苦手だ」「友達が少ない」とネガティブな面ばかりに目を向けるより，「慎重に考えている」「音楽は好きだ」「本当に信頼できる友達がいる」とポジティブな面に目を向ける方が，自信がついたり，やる気がおきたり，新しいチャレンジがしやすくなるのではないでしょうか。テストのときも，「あと 10 分しかない」と思うと焦って覚えたことも忘れそうですが，「あと 10 分もある」と思うと，落ち着いて最後の力を発揮できそうです。そんな風に自分にもリフレーミングをして見てください。

ほかの人や物事をより深く理解できるようになる可能性もあります。私たちは「あの人は強引だ」というように，一面的な見方をしがちです。特に苦手な相手に顕著です。しかし，それではその人にあるはずの長所や能力を見落としてしまうかもしれません。「強引だけど，それって決断力があるということかもしれない」「強引に進めることで時間のロスを減らそうとしているのかな」というようにリフレーミングをしてみると，その人に対する見方が広がり，別の面に気づき，より深く理解できるようになる可能性があります。

また，人を元気づけられる可能性もあります。「失敗してしまった」と落ち込んでいる人がいたら，「課題が見つかったとも考えられるよね」などのようにリフレーミングをして伝えてみてください。ネガティブな考えしかもてなくなっている相手の視野を少し広げ，ポジティブな気持ちになる助けができるかもしれません。ただし，失敗をしたり病気になったりしてネガティブな気持ちに陥っているときには，相手はなかなかその言葉を受け取れないことがあります。だからこそ，第1章で学んだラポールやペーシングが必要です。相手と信頼関係を築いた上で，相手のペースに合わせ，「こういう見方はどうだろう」とそっと提案します。リフレーミングの言葉を工夫するより，相手とわかり合いたい，相手の手助けがしたいという気持ちが大切なのです。

◉コラム2 「リフレーム」とは

認知行動療法，家族療法などで使われる技法で，視点を変換するという意味です。ある枠組み（フレーム）で捉えられている人や物事や出来事を，一度その枠組みをはずし，異なる枠組みで見ることです。西尾和美の『リフレーム―一瞬で変化を起こすカウンセリングの技術』には，リフレームの目的について，「今までの考えとは違った角度からアプローチしたり，視点を変えたり，焦点をずらしたり，解釈を変えたりと，誰もが潜在的に持っている能力を使って，意図的に自分や相手の生き方を健全なものにし，ポジティブなものにしていくこと」（西尾, 2012：32）と書かれています。

【参考文献―より理解したい方のために】

クーン, T. ／中山　茂［訳］（1971）．『科学革命の構造』みすず書房
西尾和美（2012）．『リフレーム―一瞬で変化を起こすカウンセリングの技術』大和書房

03 それぞれが使っている感覚（VAK）

みなさんはスマホや携帯を買うときに，何を重視しますか。色やデザイン，どんな機能があるか，重さやキータッチでしょうか。自分が見た映画について誰かに話すときは何を中心に話しますか。印象的なシーンですか。ストーリーや俳優の名前や何年に賞を取ったということですか。それとも「どきどきした」「ジーンときた」などの自分におきた感覚でしょうか。私たちは五感（視覚，聴覚，味覚，触覚，臭覚）を使って生活しています。でもその使い方は人によって違います。そしてその使い方の違いが，話が合わないと感じたり，ミスコミュニケーションを引き起こしたりすることがあります。この章では，私たちがよく使う感覚について考えてみましょう。

03-01 あなたの表象システム

まず，みなさんが日頃どの感覚をよく使っているのか，実習1で自己診断してみましょう。

【実習 1】実習シート（☞ p.59）の各質問を読んで，選択肢 A，B，C の中から自分に最も近いと思うものを 1 つ選び，◯をつけます。終わったら A，B，C それぞれの◯の数を数えます。

私たちには視覚，聴覚，味覚，触覚，臭覚といった五感が備わっています。味覚，触覚，臭覚をまとめて「体感覚」と呼びます。視覚（visual），聴覚（auditory），体感覚（kinesthetic）の３種類の感覚の中で特によく使う感覚を，その人の「表象システム（representative system）」と言います。実習１でＢが一番多かった人は視覚をよく使っている人，つまり表象システムが視覚の人です。Ａが多かった人は聴覚の人，Ｃが多かった人は体感覚の人です。みなさ

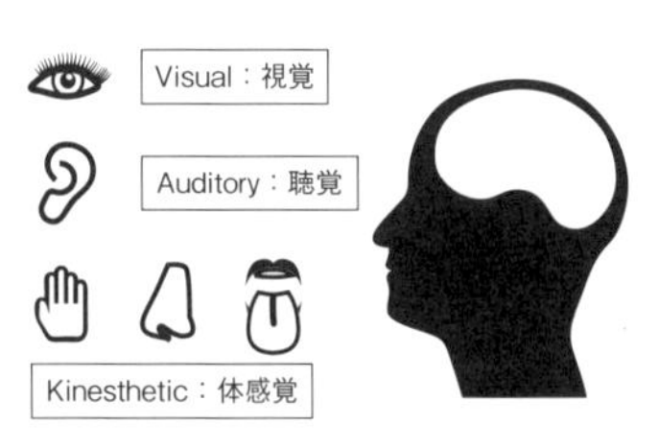

図 3-1　私たちが使っている感覚

んがよく使う感覚，つまり表象システムは何でしたか。ただし，表象システムは一番よく使っているというだけで，それ以外使わないという意味ではありません。例えば勉強するときは聴覚，スポーツをするときは体感覚をよく使うというように，場面によっても使われる感覚は変わります。

それではこの表象システムは，私たちのコミュニケーションにどのような影響を与えるのでしょうか。まず「合う／合わない」に影響します。みなさんは話していて，「この人なんとなく話しやすいな」とか「ノリがいいな」と感じる人はいませんか。逆に「話しにくい」「盛り上がらないな」と感じる人はいませんか。人は表象システムが同じだと話しやすく，違うと話しにくさを感じる傾向があります。ですから，もしみなさんが話をしながら相手の表象システムを判断できると，より多くの人とより深い話ができるようになる可能性が広がります。例えば相手の表象システムが視覚だったら自分も視覚を用いて話すというように，相手の表象システムに合わせた話し方をしていくということです。

03-02 いろいろな感覚を身につけよう

このためには，視覚，聴覚，体感覚をまんべんなく使えるようになると良いですね。練習してみましょう。

①ウォーミング・アップ

まずウォーミング・アップとして，感覚に意識を向けてもらいます。目をつむって次の3つの感覚を思い出してください。

今日の朝ごはん（食べなかった人は昨日の夕ごはん）のシーン
あなたのケータイの着信音
雨が降って服や手が濡れた感じ

どうでしたか。こんな風に一つずつ聞かれると，全部あるいは複数の感覚を思い出せたのではないでしょうか。私たちはみな五感をもっています。人によってその中のどれかをよく使い，どれかをあまり使わないというくせがあるのです。

②表象システムの特徴

各表象システムの大まかな特徴は表3-1のとおりです。

表 3-1 表象システムの特徴

	視 覚	聴 覚	体感覚
姿 勢	背筋を伸ばしている	左右が不均衡，テレフォンポジション	背中を丸めている
声	高い，早い	普通，平坦	低い，ゆっくり
動 作	手のひらを下に向ける，見ているイメージを指さす，額やこめかみに触れる	腕組みで動かない，または一定のリズムを刻む，耳やのどに触れる	手のひらを上に向ける，身体に触れる
眼 球	上方左右	水平左右	右下
言 葉	見える，思い浮かべる，眺める	聞こえる，考える，思う	感じる，味わう，抱く

これは科学的に実証されたものではありませんが，その人を分析していくきっかけであり，はじめに観察するポイントとして臨床的に有用なものです。

1）視　覚

視覚を主に使っている人は背筋がピンと伸びていて，声は高かったり速いスピードになっていることが多いです。なぜなら，その人の頭の中では映画のようにどんどん話が進んでいるからです。また，主語が抜けたり，話が飛んで「それ何のこと？」と聞き返されることもあります。頭の中の映像を描写するように手や体を動かしたり，額やこめかみに触れながら話すこともあります。人は映像を思い出す時は眼球が上の方に動くので，上方に目を動かすのも特徴です。「見える」「思い浮かぶ」「眺める」などの視覚的な言葉をよく使います。

2）聴　覚

聴覚を使っているときは，ちょっと首をかしげたり，電話を持つ時のように手が耳や口のそばに来る（テレフォンポジション）ことが多いです。動作は，腕を組んでじっと動かないか，一定のリズムを刻んでいることがよくあります。眼球は，言葉を探すために水平で左右に動いていることが多いです。論理的に話す人や説明が得意な人が多く，「聞こえる」「考える」「思う」などの言葉をよく使います。

3）体感覚

体感覚を主に使っている人は，背中が丸まっているように見えることがあります。ゆっくりしたペースで話し，相手への返答や次の言葉がワンテンポ遅れて出ることがあります。それは，人間の体の感覚（痛みや重さなど）を表す正確な言葉はないため，「こうでもない，ああでもない」と慎重に探りながら話すためです。また体を触りながら話すこともあります。眼球の動きは右の下のほうを見ることが多く，「感じる」「いい味わいだ」といった言葉をよく使います。

表 3-1 を参考に，実習 2 で視覚，実習 3 で聴覚，実習 4 で体感覚を順に練習しましょう。

【実習 2】グループになり，一人 1 分間ずつ，視覚を使って「自分の家の周りの風景」について話します。風景を思い浮かべ，それを描写することを意識してください。話しながら，話しやすさやどんな風に感じるかを，自分自身で観察します。

【実習 3】実習 2 と同じことを聴覚を使って行います。数字やデータを入れるよう意識してみましょう。

【実習 4】実習 2 と同じことを体感覚を使って行います。自分が感じる感覚を入れることを意識しましょう。実習 4 が終わったら，実習シート（☞ p.61）に実習 2 ～ 4 の振り返りを書きます。

やってみてどうでしたか。拍子抜けするくらい簡単だったものもあれば，右利きなのに左手で字を書けと言われたかのように話しづらく感じた人もいると思います。それはあなたが普段使っていない感覚を使って話したためかもしれません。どの感覚をよく使うかという自分のくせを知った上で，あまり使っていない感覚を意識的に使うようにすることで，どの感覚ももっと使いやすくなります。トライしてみてください。

03-03 ほかの人の表象システム

今度は話している人がどの表象システムで話しているか理解できるように，実習 5 で練習しましょう。

【実習 5】グループになります。一人 1 分間ずつ「自分の出身高校の周りの様子」について，いつもの話し方で話します。聞いている人は話している人をよく見て，聞いて，その人がどの感覚を使っているか考えます。話し終わったら，聞いていた人は判断の結果と理由を，話した人は自分が使ったと思う感覚を伝えます。全員が終わったら，実習シート（☞ p.63）に振り返りを書きます。

自分では視覚を使っているつもりだったのにグループの人から「体感覚を使っている」と言われたなどのように，一致しなかった人もいたかもしれません。自分が思っている自分と人から見える自分が違うことがあるのということがわかりますね。これからも周りの人を「どんな感覚を使っているのだろう」という視点で観察してみてください。例えば，みなさんが受けている授業でパワーポイントを使う先生はいませんか。字をぎっしり書く先生は聴覚を，字はほとんどなく写真や図が多い先生は視覚をよく使っている可能性があります。そんなところからも，人の表象システムを考えるきっかけにしてみてください。

03-04　身近な人の表象システム

最後にあなたとあなたの身近な人の表象システムを，実習6で考えてみましょう。

【実習6】宿題として，あなたとあなたの身近な人の間のコミュニケーションを観察して，コミュニケーションがうまくいった／うまくいかなかった場面でそれぞれがどの感覚を使っていたかを考え，実習シート（☞ p.65）に書きます。

こうしてみると，コミュニケーションがうまくいく／いかないに，それぞれの使っている感覚の違いが影響することがあることに気づくと思います。大事なのは「この人はどの感覚を使っているのかな」という視点で周りの人を見る習慣をもつこと，自分についても「今自分はこの感覚を使っている」と意識することです。私たちは今までずっと自分の話し方で話してきたため，それ以外の話し方があることを想像しません。ですから自分と違う感覚を使って話されると，「わかりにくい」「合わない」，時には「おかしいんじゃないか」と感じたりします。それがコミュニケーションのずれにつながります。

03-05　表象システムは日常にどういかせるのでしょうか

それでは，表象システムという考え方は，どんな風に日常生活に活かせるのでしょうか。特に二つの点です。まず人の見方が変わったり広がったりすることです。上に書いたように，私たちは誰かと話していて合わないとか説明がわかりにくいと感じると，その人を「合わない人」「面白くない人」「説明が下手な人」と思いがちです。でもそれはもしかすると，使っている感覚が違うからなのかもしれません。否定的な判断を下す前に，「この人はどの感覚を使って話しているのかな」と考え，同じ感覚を使って話してみてください。その人に対する見方が変わったり広がったりするかもしれません。

二つ目は，相手の感覚に合わせて話すことで話が弾んだり，わかりやすくなったりすることです。例えば小児科医である私は，子どもの患者に口を開けてもらいたいときは，子どもが口をあけているイラストを見せます。子どもには視覚情報で訴えた方がわかりやすいからです。患者の親が聴覚をよく使う人であれば，詳しい説明を書いたプリントを渡します。そうすると安心し納得しやすくなります。また，診察室にふわふわした抱きかかえるぬいぐるみにバニラエッセンスで香り付けしたものを置きます。そうすると，「怖い」診察室が「甘いお部屋」になります。表象システムは自分の勉強方法にも応用できます。視覚をよく使う人はノートをじっと眺めることで覚える，聴覚をよく使う人は声に出して何度も言って暗記する，体感覚をよく使う人はとにかく書いたり体を動かしたりしながら勉強するというように，それぞれ合った方法で勉強すると成果が上がりやすくなるかもしれません。

表象システムというとなんだか固い概念のように聞こえますが，私たちが毎日使っている脳の使い方の話です。それが人それぞれ使い方の癖があり，その癖が気づかぬうちにコミュニケーションに影響を与えています。意識してみてください。

◉コラム３「表象システム」とは

ここでいう表象システムとは，人間のもつ五感のことです。ここではわかりやすくするために，触覚・味覚・嗅覚の３感覚をまとめて「体感覚」としています。神経言語プログラミングという分野で構築された概念で，「代表システム」と翻訳されることもあります。2500年以上前にギリシャの哲学者アリストテレスはその著書『霊魂論』の中で，すでに感覚を基本的５つ（視覚，聴覚，触覚，嗅覚，味覚）に分類していました。自分の脳内でどの感覚が使われていてどの感覚が使われていないのかがわかれば，そこに創意工夫が生まれます。あるいは相手のコミュニケーションを観察して，表現が感覚的なものばかりであれば視覚情報や聴覚的情報に意識を向けてもらうといったように，相手のコミュニケーションの幅を広げる助けをすることも可能です。医学的に証明されたモデルではありませんが，ある種のビジネスモデルのように，これを使って互いのコミュニケーションを捉えると理解しやすくなる有用なモデルです。

【参考文献—さらに理解したい方のために】

オコナー，J.・セイモア，J.／橋本敦生［訳］（1994）.『NLPのすすめ—優れた生き方へ道を開く新しい心理学』チーム医療

ローズ，F.／島内哲朗［訳］（2012）.『のめりこませる技術—誰が物語を操るのか』フィルムアート社

04 アイデンティティと価値観

第3章まで学んできたのは双方向のキャッチボールのコミュニケーションでした。コミュニケーションの土台となるのは「ラポール」，つまり相互の信頼関係でした。そしてその上に立ってやり取りする内容を2つの切り口から考えました。一つは「表象システム」，すなわち視覚や聴覚や体感覚という切り口，二つ目は話の内容を別の角度から眺めてみる「リフレーミング」という切り口でした。そして第4章では，「アイデンティティと価値観」という切り口から，自分を知る，他者を知るということをさらに深めていきましょう。

04-01 自分の名札

突然ですが，「名札」の話をしたいと思います。名札ですからつけたり外したりすることができます。まず名札をつけた時のことを思い出しましょう。みなさん小学校に入ったときに，「1年1組　○○○○○」という名札をつけましたよね。名札をつけるようになると，自由に過ごした幼稚園時代とは行動が変わったはずです。「毎日学校に行く」「ベルがなったら遊びをやめて教室に入る」というように。あるいは，スポーツ・チームのキャプテンになった人もいるかもしれません。図4-1の人が左腕につけているのは，サッカーでキャプテンがつける「キャプテン・マーク」です。この「キャプテン・マーク」，いわば名札をつけると，それまで練習に遅刻しがちだった人でも「キャプテンだからもう遅刻できないなあ」とか，「みんなに示しがつくように一生懸命練習しなくちゃ」というように，一部員だったときとは行動が変わったはずです。名札の中には目には見えないものもあります。「お兄ちゃん／お姉ちゃんになった」という名札です。こんな名札がつくと，「お兄ちゃんなのだから我慢しなさい」「お姉ちゃんらしくしっかりしなさい」と親から言われるようになり，自分でもそれらしくふるまうようになったのでは

図4-1　サッカーのキャプテン・マーク

ないでしょうか。

名札は外すこともできます。私は高校を卒業して大学に入る前に浪人したのですが，その時に感じたのが「○○高校の学生」という名札を失った自分です。どこにも所属していない自分が，頼りなくちっぽけに感じられました。また誰しも経験することですが，小学校６年生の時は最上級生だったのに，中学に入ったら最下級生になりました。一番威張っていたのに一番小さくなってしまったように感じた人はいないでしょうか。こんな風に，名札は人の行動を規定します。さあ，あなたは現在どんな名札をつけていますか。実習１で考えてみましょう。

【実習 1】 今のあなたについている名札をなるべくたくさん思い出して，実習シート（☞ p.67）に書きます。終わったら２人ペアになり，書いたものを伝え合います。自分が書き落としたものがあったら加えて，さらに自分の名札が増えていくのを感じましょう。

04-02 アイデンティティ

今書き出してもらった名札が，「アイデンティティ」と呼ばれるものです。アイデンティティとは「自己認識」，つまり「自分は何者なのか」ということです。

図 4-2 のピラミッドを「ニューロロジカル・レベル」と言います。「ニューロロジカル・レベルとは，「neuro（神経）」と「logical（論理）」がつながった心理学の言葉で，「神経論理階層」という意味です。ここでは「ニューロロジカル・レベル」については詳しく説明しませんが，「ピラミッドの上の階層にあるものが下の階層にあるものに影響を与える」と理解してください。

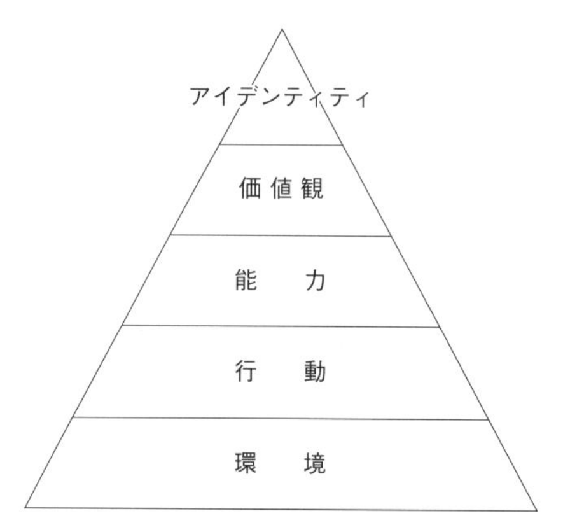

図 4-2　ニューロロジカル・レベル

そうしてみると，「アイデンティティ」がピラミッドの最も上の階層にあるのがわかります。「アイデンティティ」は，その下の階層にある「価値観」「能力」「行動」「環境」に影響を与えます。この章のはじめから考えてきたのが，「アイデンティティ（名札）が行動に影響を与える」ということです。それでは，みなさんの中にある「名札が変わったら行動が変わった」という経験を，実習2で探してみましょう。

【実習2】 子どもの頃から今までをふり返り，名札が変わったら行動が変わった経験を探して，実習シート（☞ p.69）に書きます。終わったらグループになり，お互いの経験を紹介し合います。

このように人の行動に影響を及ぼし，時にはそれを変える力がアイデンティティにはあります。このため，自分をどういう人間ととらえるかが重要な意味をもちます。例えば，何か悪いことをした子どもに親が「悪い子だね」と言うと，子どもは「僕は悪い子なんだ」と思うようになり，ほかの子に意地悪をするなどの「悪い子らしい行動」を取ることがあります。「悪い子」というアイデンティティが「意地悪」という行動を取らせるのです。もし，「悪い子だね」ではなく「悪いことをしたね」と言われたなら，「行動は悪かった（でもそれを直せば大丈夫）」というメッセ―ジとなるので，そのような問題が起こりにくいかもしれません。ほかの人をどうとらえるかも同じです。遅刻した人を「だらしない人」，生活態度を注意した親を「うるさい親」ととらえるというように，わたしたちは人の行動を見てアイデンティティを決めてしまいがちです。しかし，「だらしない人」「うるさい親」と思ってしまうと，その人のほかの面が見えなくなってしまいます。その問題が行動の問題なのかアイデンティティの問題なのか，区別して考えることが大事です。

04-03　価値観

次にピラミッドの2段目の「価値観」について考えます。価値観はその人がとくに大切にしているもの，価値をおいているもので，その下の階層にある能力，行動，環境に影響を与えます。実習3で自分が普段から大切にしている価値観をみつけてみましょう。今回は「Vasoactive-Inotropic Score（VIS-IS）の強み診断」を使います。これはポジティブ心理学の創設者マーティン・セリグマン教授が提唱した24の強みのうちで，その人がどの強みをよく使っているかを診断するものです。

【実習 3】インターネット上の「VIS-IS（https://www.viacharacter.org/survey/account/register)」にアクセスして，テストを受けてみてください。大体 20 〜 30 分かかります。終わったら結果をプリントアウトし，グループになってお互いの結果を見比べます。

上位３つにあがった強みは何でしたか。その３つはあなたがよく使っている強みであり，大切にしているもの，価値をおいているもの，すなわち「価値観」でもあります。この３つは人によって違います。そしてそれが，アイデンティティと同様，行動に影響します。例えばスポーツ・チームのキャプテンには，勝つことを大切にするキャプテンもいればチームワークを大切にするキャプテン，ユーモアを大切にするキャプテンもいるはずです。勝つことを大切にするキャプテンは「勝たなきゃ意味がない」と厳しい練習メニューを組み，チームワークを大切にするキャプテンは部内の意見交換の機会を多くつくり，ユーモアを大切にするキャプテンは練習でも冗談を言って皆をなごませるでしょう。このように，何を大切にするか（価値観）によって，人の行動は変わります。

では，みなさんは実習３で見つけた３つの強みをどこでどんなふうに使っているのでしょうか。実習４で考えてみましょう。

【実習 4】実習シート（☞ p.71）の表の上の欄に，あなたの強みの上位３つを書いてください。それがあなたが大切にしている３つの価値観です。そして，左の欄に書かれた状況にいる場合，その強みによって，あるいはその価値観に従って，どんな行動を取っているのかを書きます。終わったらグループになり，他の人がどんな強みを使ってどんな行動をしているのか，お互いに伝え合います。

やってみていかがでしたか。アイデンティティと同様，価値観が行動に影響を与えていることに気づいたでしょうか。また同じ価値観をもっていても，人によって取る行動が違う場合もあったかもしれません。こんな視点でこれから出会う人を眺めてみてください。これまでは，「どうしてこの人こんな行動を取るんだろう」「間違っている」「ありえない」と腹が立ったりコミュニケーションを断ったりしていた相手も，この視点で見てみると，「もしかするとこの人はユーモアを大切にしているのかな」「この人は好奇心をもってやっているんだな」というように，違う見方ができるかもしれません。周りの人の価値観や大切にしていることに気づくことで，その人の印象が変わったり，見方が広がったりします。話をしながら，相手の価値観やアイデンティティを見つけるように，意識を向けてみてください。

◉コラム４ 「ニューロロジカル・レベル」とは

「ニューロロジカル・レベル」とは，「neuro（神経）」と「logical（論理）」がつながった心理学の言葉で，「神経論理階層」を意味します。ロバート・ディルツが人類学者グレゴリー・ベイトソンの考えを体系化したもので，人間の意識を下位から順に「環境」「行動」「能力」「価値観」「アイデンティティ」「スピリチュアル」の６つの階層に分け，上の階層の概念が下の階層の概念に影響を与えるという考え方です。本文ではわかりやすくするために「スピリチュアル」を除き，アイデンティティを最も上の階層の概念として説明しています。

【参考文献―さらに理解したい方のために】

ベイトソン，G.／佐藤良明［訳］(2000).『精神の生態学』新思索社
三浦俊彦 (2005).『ラッセルのパラドックス―世界を読み換える哲学』岩波書店

05 人それぞれの価値観（ビリーフ）

みなさんは知らないに場所に行って，驚いたり戸惑ったりした経験はありませんか。私はある外国で電車に乗った時に改札がなくて驚いたことがあります。「電車には普通改札がある」と思っていましたから。こんな風に，私たちが何かを見て驚いたり感心したり，あるいは怒りを感じたりするのは，自分の中に「普通は～だ」というルールブックのようなものがあるからです。これが人それぞれの「価値観（ビリーフ）」です。価値観は人によって違います。みなさんはどんな価値観をもっているでしょうか。周りの人はどうでしょうか。価値観は第４章でもニューロロジカル・レベルの一つとして出てきましたが，重要な概念なので，この章でさらに深く理解し，自分や人の価値観を知る練習をしていきます。

05-01 過去に決めた価値観

価値観は，みなさんがとても小さいころに親や先生から聞いた言葉，見たテレビ，読んだ本，特に絵本などによって作られます。実習１の５つの質問を通じて，小さいころに自分の中に作られた価値観を探してみましょう。

【実習 1】２人ペアになり，一人が相手に３分間で下の５つの質問をしていきます。終わったら役割を交代して，同じことをします。

◆５つの質問

1　あなたが小さいころ好きだった物語，絵本，アニメなどは何ですか？

2　なぜそれが好きでしたか？

3　あなたにとって主人公は誰でしたか？
4　もしこの物語から大切だと感じたことがあったとしたら何ですか？
5　このことからもしも今のあなたに影響している，あるいはつながっていることがあるとしたら何でしょう？

どうでしたか。こんな風にみなさんの価値観は，小さいころに出会った絵本やテレビ，アニメ，大人の言葉などによって作られ，それが今の人生にも影響しています。例えば，ある人は小さいころに見たアニメの影響で，「楽しいって大切なことだ」と思うようになりました。今も仕事を選ぶときは，「この仕事は楽しいかどうか」を一つの基準に選んでいるそうです。みなさんも今の進路を選ぶときに，過去に見つけた「大切だ」と感じたことが影響しているかもしれませんね。

05-02　今あるさまざまな価値観

価値観は一つだけではありません。実習 2 を通じて，今みなさんの中にどんな価値観があるのか探してみましょう。

【実習 2】2 人ペアになり，お互いの実習シート（☞ p.73）を開き，交換して持ちます。一人が相手にシートの内容をインタビューし，答えをそこに書き込みます。3 分間で行い，終わったら役割を交代して同じことをします。

自分の中に，相手の中に，いろいろな価値観があることに気づいたと思います。日ごろは意識していませんが，人はその価値観に従って生きています。またそれによって，他の人や物事の良い／悪い，好き／嫌い，合う／合わないなどの判断をしています。相手の価値観を聞いて「そうそう，同じ」と思ったものもあれば，「いや，それは違うんじゃないか」と思ったものもあったのではないでしょうか。それは自分の価値観を基準とし，それと同じか違うかで感じたり判断したりしているためです。

人によって価値観や大事にしているものはそれぞれ違います。まずそれを知って，自分の価値観と違う行動をとる人を見たときに，「この人よく分からない」「自分には合わない」で終わらせるのではなく，「どうしてこういう行動をするのだろう」と考えてみてください。そこにはその人の価値観が隠れています。大事なことはどの価値観が良い／悪いのではなく，自分には自分の価値観が，相手には相手なりの価値観があり，それに基づいてそれぞれが行動をしているということを理解していることです。

価値観はしばしば次のような言葉で表現されます。

- A は B だ／B ではない：女性は弱い，先輩は偉い
- 〜は良い／悪い：正直なことは良い，人の弱みにつけこむのは悪いことだ
- 〜すべき／すべきでない，〜するはず／するはずではない，〜しなければならない／〜してはならない：頼まれたら断ってはいけない
- 普通〜する／〜しない：困っている人には普通親切にするでしょう
- 〜できる／〜できない：私は英語ができない

05-03　2種類の価値観

あなたの価値観はあなたの人生にどんな影響を与えているのでしょうか。価値観には大きく分けると2種類あります。1つは皆さんのやる気を高めたり行動を後押しするような価値観。もう1つはみなさんの行動を制限したりブレーキをかける価値観です。実習2の価値観を見直してください。みなさんにとって，どれが前者でどれが後者なのでしょうか。実習3で考えてみましょう。

【実習3】実習2（実習シート☞ p.73）の価値観を見直して，「やる気を高める価値観」と「ブレーキをかける価値観」の2種類に分けます。それを実習シート（☞ p.75）に記入します。

価値観の中には，やる気を高めるものもあればブレーキをかけるもあることに気づいたと思います。例えば，「お金がないと幸せじゃない」という価値観をもつ人が幸せになるために一生懸命働くとしたら，その価値観はやる気を高める価値観になります。一方，お金はないけれど愛情にあふれた家族がいる人が「お金がないと幸せじゃない」という価値観をもっていたら，愛情にあふれた家族がいることの価値は見過ごされるかもしれません。また「恋愛は破滅だ」という価値観をもっている学生は，恋にブレーキがかかるので，恋でなく勉強に励む結果良い成績が取れるでしょう。もしその人の大学での目的が「良い成績を取ること」ならば，この価値観はやる気を高める価値観です。でも，もしその人の目的が「楽しい学生時代を送ること」ならば，その価値観に縛られて恋愛を避けることは，目的を制限することになります。そのときに，自分の中に「恋愛は破滅だ」という価値観があること，自分がそれに縛られていることに気づけたら，その人の取る行動，ひいてはその後の人生は変わっていく可能性があります。みなさんの中に，やめようと思いつつ，だらだらと長時間スマホを見てしまう人はいませんか。そんな人の中には，「スマホを見ているのが自分のリラックス法だ」という価値観をもっている人がいるかもしれません。だからやめようと思ってもなかな

かやめられないのです。そんなときは，自分の中にこの価値観があることに気づいて，「リラックスするためにスマホ以外の方法はないか？　例えば運動は？　ほかの人と話すのは？」と，別のリラックスできる方法を探してみてはどうでしょう。

05-04 こんな価値観があったらいいな

価値観は不変ではありません。もし「こんな価値観をもてたらもっと楽しくやれそうだ」と思ったらそれを取り入れ，自分の可能性を狭める価値観があったら違う価値観に書き換えて，価値観をアップデートすれば良いのです。若いうちは比較的それが容易にできます。みなさんは今の価値観をどんな風にアップデートしたいですか。実習 4 で考えてみましょう。

【実習 4】グループになります。まず実習シート（☞ p.77）の 1）のリストの中から，これから人生の可能性を広げたり選択肢を増やしたりしたいと思うテーマを 1 つ選びます。次に 2）でそれについての価値観を出し合い，どれがやる気を高める価値観でどれがブレーキをかける価値観なのか話し合います。

社会にはさまざまな人がいます。カチンとくる相手／穏やかに話せる相手，センスの良い人／悪い人，合う人／合わない人，成功している人／そうでない人，幸せな人／不幸な人など。そう判断しているのは自分の中のどんな価値観でしょうか。他の人が判断しているとしたら，その人の価値観は。価値観そのものに良い／悪い，正しい／間違っているはありません。もし皆さんが自分の中の価値観を見つめ，また自分と違う価値観をもっている人を「合わない人」と切り捨てるのでなく，「どうしてそう思うんですか」「何を大事にしているからですか」などの質問で相手の価値観を聞き出すことができたら，より深く自分を知り，他者を知ることにつながります。

◉コラム５「ビリーフ」とは

「ビリーフ」は，1955年頃にアメリカの心理学者アルバート・エリス（Albert Ellis）によって提唱された「ABCモデル」の中に出て来る言葉です。ABCモデルについては第6章で詳しく説明しますが，ある出来事（A）が起きた時に，その人がそれをどう捉えるか（B）によってもたらされる結果（C）が異なってくるという考えのことです。つまり，感情（C）は出来事（A）によって起こるのではなく，その人の中にある出来事について捉えかた（B）によって生み出されるという考え方です。このうちの（B）がその人のもっている価値観，物事のとらえ方，思い込みであり，第4章で出てきた「強み」「大切にしているもの」です。

【参考文献―さらに理解したい方のために】

エリス，A.／国分康孝・石隈利紀・国分久子［訳］(1996).『どんなことがあっても自分をみじめにしないためには―論理療法のすすめ』川島書店

瀬戸正弘 (2004).「論理情動行動療法（REBT）」内山喜久雄・坂野雄二［編］『現代のエスプリ　別冊エビデンス・ベースト・カウンセリング』至文堂, pp.112-121.

06 折れない心（レジリエンス）

人前でスピーチをしたらあがって失敗した，部活の部長になったがうまく部員をまとめられなかった，失恋した…。誰しも人生にはうまく行かないときがあります。そのときに心が折れてしまうのか，それともその経験から学んでより高く飛躍するのかで，その後の人生は全く違うものになります。後者は「レジリエンス」，すなわち「折れない心」をもっている人です。では，どうしたら折れない心をもって失敗から成長できる人になれるのでしょうか。第6章では，折れない心をもつための第一歩として，ネガティブな感情を認知しそれに対処する方法を考え，続いて，折れない心を鍛える方法，そして最後に逆境を教訓に変える方法を考えていきます。

06-01 失敗は悪いこと？

私たちは「失敗＝良くなかったこと」と考えますが，そもそも失敗は良くないことなのでしょうか。偉業を成し遂げた先人たちは，実に多くの失敗をしています。エジソンは電球のフィラメントを完成させるまでに1万回試作品を作りました（Kleiser, 2005）。つまり 9999 回失敗しています。サイクロン式の掃除機を開発したジェームズ・ダイソンは 5126 回です[1]。ケンタッキーフライドチキンを作ったカーネル・サンダースは 60 歳を越えてから自分の鶏肉の味付けのレシピを使ったお店を開こうとしましたが，1009 回断られ，1010 回目にようやく開店できました（Jacoba, 2002）。これだけ沢山の失敗があっても心が折れなかった彼らのおかげで，電球やサイクロン式掃除機やケンタッキーフライドチキンのお店が生まれたのです。

一方，失敗を学習してしまう人もいます。「A がうまくいかなかった。だから B も C もうまくいかないに違いない」と。これは第 4 章で出てきたマーティン・セリグマン博士が「学

1)〈http://wired.jp/2011/04/15/ 失敗のすすめ：ジェームズ・ダイソンのコラム /〉

習性無力感（learned helplessness）」と名付けたもので，失敗したことにより，次に何かやろうとしたときに「どうせうまくいかない」と学習してしまうことです。

06-02 3種類の失敗

でも，実は失敗には3種類あります。「予防できる失敗」「避けられない失敗」「知的な失敗」です。「予防できる失敗」は不注意や不勉強が原因なので，その経過を記録しておいて注意することなどで繰り返さないようにできます。「避けられない失敗」は，上司の判断ミスや業務プロセス自体の問題などの自分以外に起因する問題で，業務プロセスの見直しなどが必要です。「知的な失敗」はエジソンたち先人が経験したもので，何かを創造するために必要なステップであり，むしろ歓迎すべき失敗です。みなさんのこれまでの失敗はどの種類だったでしょうか。もしそれが「知的な失敗」なら，落ち込む必要はありません。また「予防できる失敗」や「避けられない失敗」だったとしても，それに応じた対処をすれば良いだけです。そんな風に失敗を見ると，心に余裕が生まれ失敗に対して寛容になれる気がしてきませんか。それではみなさんは，失敗までいかなくても，人間関係でどんなことを嫌だなと思っているのでしょうか。実習1で考えてみましょう。

【実習1】 あなたが人間関係の中で「嫌だな」と思っていることはどんなことで，どの程度嫌なのか，実習シート（☞ p.79）に書きます。終わったらグループになり，書いたものを伝え合います。

似たようなことを嫌だと思う人もいれば，違っていた人もいたと思います。また同じ嫌なことでも，それをどれくらい嫌だと感じるかは人によって違っていたのではないでしょうか。ただ，ここで問題なのは，一つも書けなかったり，書いてもたいして嫌ではなかった人です。これらの人の中には，嫌，不安，恐れなどのネガティブな感情をもつことに心理的な抵抗があるか，自分のネガティブな感情に向き合うことが苦手なために，その感情に気づいていない人がいる可能性があります。しかし，人間は誰しもネガティブな感情をもちます。熱が出ているのに気づかず動きまわっていると肺炎になるように，自分の中のネガティブな感情に気づかないと対処が遅れ，どんどん落ち込み，立ち直れなくなってしまうこともあります。ですから，まずは自分の中のネガティブな感情を認知してください。「嫌な気持ちだ」「あ，不安になってる」「がっかりしてるんだ」というように，自分の中にネガティブな感情が湧き上がっていることに気づいてください。それがレジリエンスへの道の出発点です。

このように，ネガティブな感情をもつことは全く問題ありません。ただしそれを反芻することは問題です。失敗によって芽生えたネガティブな感情を繰り返し思い出すことです。例えば失恋した人に次の恋のチャンスが巡ってきたのに，失恋のときの辛い気持ちを思い出し，「もうそんな気持ちになりたくないから」と避けてしまったら，せっかくのチャンスを失い，人生の幅が狭まり，ネガティブな感情が強化され，自己評価も下がっていきます。この負のスパイラルによってどんどん下の方に落ちこんでいってしまいます。

06-03 失敗後の分かれ道

それを図で表すと図 6-1 のようになります。失敗体験をするとみな落ち込みます。しかし多くの場合，②の線のように時間とともに立ち直り，もとの精神状態に戻ります（recovery：回復）。ところが，中には③の線のように失敗から立ち直れなかったり，そのままさらに落ち込んでいってしまう人がいます。一方①の線のように，「何が問題だったのだろう。次はどうしたらうまくいくのだろう」と考え，それを実践してみる結果，以前よりうまくできるようになる人もいます。これが失敗から学び成長すること（PTG：心的外傷後成長）です。このような失敗は「知的な失敗」です。みなさんにはぜひ，③の線はもちろん②の線でもなく，①の線の人になっていただきたいのです。では具体的にどうすれば良いのでしょうか。

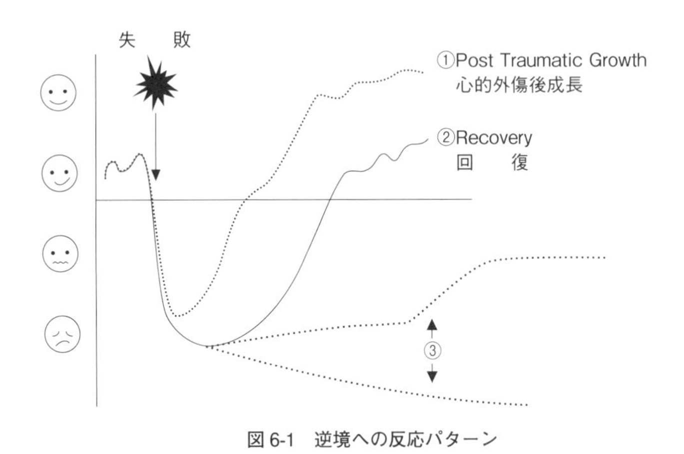

図 6-1　逆境への反応パターン

06-04 レジリエンスの 7 つの階段

それはレジリエンス，つまり折れない心をもつことです。レジリエンスを育成するためには，図 6-2 のような 7 つの階段があります。まず「ネガティブな感情に対処する」には，「脱出する」「飼い馴らす」という階段があります。「レジリエンスに対する筋肉を付ける」には，「自信をつける」「長所を活かす」「サポーターを作る」「感謝の心をもつ」階段，最後の「逆

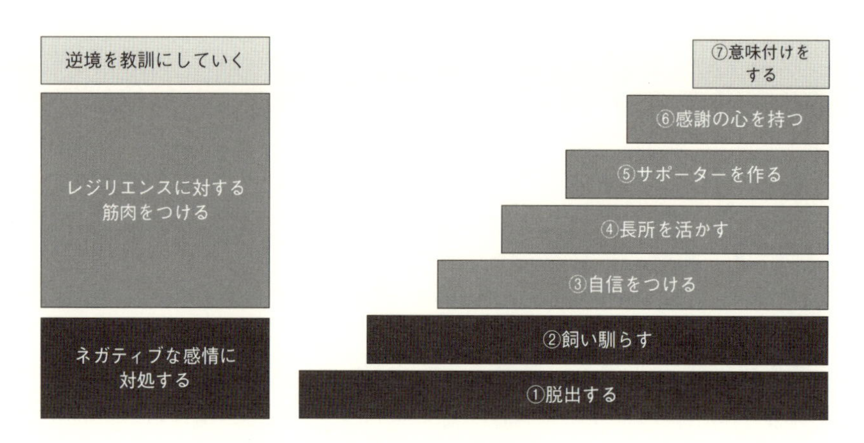

図 6-2　レジリエンスの 7 つの階段

境を教訓にしていく」には「意味づけをする」という階段があります。これらを一段ずつ登りながら，一緒にレジリエンスを育てていきましょう。

①脱出する

まず，失敗や嫌な出来事によりネガティブな感情が起こったことに気づいたら，それを反芻するのではなく，適切な 4 つの方法で気持ちを切り替えます。それは，「運動する」「深呼吸する」「音楽を聞く」「書く」という方法です。みなさんは気持ちを切り替えたいときに，どんな方法を使っていますか。実習 2 で思い出してみましょう。

【実習 2】 あなたの気持ちを切り替える方法について，実習シート（☞ p.81）に書きます。終わったらグループになり，書いたものを伝え合います。

1）運動する

運動は睡眠や肥満など体の健康だけでなく，心の健康にも効果があります。水泳や柔道は憂鬱な気分を改善させる，マラソンは自信を高める，トレッキングなど自然に触れるスポーツは精神性が向上する，ダンスは創造性を刺激するなどのことが研究により実証されています。そこまで本格的な運動でなくても，イライラや怒りなどのネガティブな感情を感じた時にはまずその場を離れ，できれば公園のような緑の中で歩くなどをして体を動かしましょう。立ち止まらず動き続けることでエネルギーを発散し，冷静な自分をつくり出すことができます。すでに運動の習慣をもっている人は，散歩であれば少しその距離を伸ばすというように，少し量を増やすと良いでしょう。

2) 深呼吸する

人は感情的になったり熱くなったりすると呼吸が浅くなり，感情が静かになると呼吸が深くなります。そこを意識するだけでも，自分が今どういう心理状況にいるのか測ることができます。そして感情的になっているなと気づいたら，ちょっと落ち着いて深呼吸しリラックスします。深呼吸して気持ちを切り替える方法はスポーツの現場でよく使われています。

3) 音楽を聞く

音楽は人の感情に直接的に働きかけます。言葉を話す前の赤ちゃんは，「アー」「ウー」といった音でコミュニケーションをします。音は大脳の深いところにある大脳辺縁系の感情レベルにダイレクトに結び付いているのです。お気に入りの音楽を聞くことで気持ちを切り替えている人は多いのではないでしょうか。音楽は聞くだけでなく演奏することでも良い効果があります。

4) 書　く

カウンセリングなどでも，自分の気持ちを書き出すことが推奨されています。失敗したり嫌な体験をしたりすると，もやもやした気持ちが心の中に澱（おり）のようにたまり，それがどんどん膨れ上がり，「大変な失敗」「すごく嫌なこと」に思えてきます。しかし，書き出すと一度自分の外に出るので，それを眺めてみるとそれほど大きなものではないことがわかります。そして冷静に対処できるようになります。

②飼い馴らす

先日の私の体験です。電車に乗ろうとしたときに，中から勢いよく降りてきた高校生にぶつかられました。「マナーの悪い子だな」とイラッとしました。しかし，その感情はすぐに変わりました。その高校生が先に降りたおばあさんに，「お財布落としましたよ」と渡したのを見たからです。「このために急いでいたのか。優しい子だな」とあたたかい気持ちになりました。ここで私が体験した出来事は，「高校生に軽くぶつかられた」という事実です。しかし私に起きた感情（反応）は，「イラッとした」と「あたたかい気持ちになった」という正反対のものでした。何が違うのかというとその出来事を見る私の目です。私の中にはもともと，「最近の高校生はマナーが悪い」という思い込みがありました。このためちょっとぶつかられたら「やっぱり最近の若者は」とイラッとしたのです。しかし「お年寄りに親切な優しい子もいたんだ」とわかると，あたたかい気持ちになりました。これが第5章のコラムで触れた「ABC モデル」です。私たちは何か嫌な体験をすると（Adversity（逆境）），心に反応（Consequence（反応結果））が起きます。どんな反応が起こるのかは，自分の中にある価値観（Belief）によります。図で表すと図 6-3 のようになります。みなさんの体験を実習 3 で考えてみましょう。

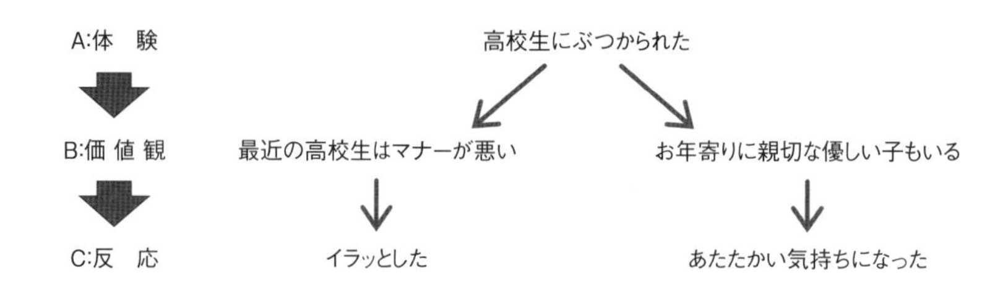

図 6-3　ABC モデル

【実習 3】実習 1 で書いた人間関係で嫌だと思うことの中からいくつか選び，その「体験」からどんな「反応」（感情）が起こったか，それは自分の中にどんな「価値観」があるからなのかを考え，実習シート 3（☞ p.83）に書きます。終わったらグループになり，書いたものを伝え合います。

私たちは日頃何か嫌な体験をすると即座に反応としてネガティブな感情が起きるので，その間に「価値観」があることに気づきません。しかし実習 3 でわかるように，「価値観」が「反応」を左右するのです。逆に言うと，もしちょっとしたことで怒ってしまう，不安になる，落ち込みやすいといった「反応」を変えたかったら，それを起こす「価値観」を変える必要があります。

そこで，ネガティブな反応を起こす「価値観」を犬に例えて考えてみましょう。私たちはよく表 6-1 のような犬を飼っています。この犬はみなさんが小さなころから心の中に住みついて，何かが起こるとあなたそっくりの声でささやきます。チーム発表がうまく行かないとき，「○○さんがちゃんとやらないからだ」と批判犬がささやきます。そうすると，あなたの中に○○さんへの怒りが生まれます。別の人には「私がミスしたせいだ」と「謝り犬」がさ

表 6-1　私たちの飼っている犬

思い込みタイプ	正義犬	批判犬	負け犬	謝り犬	心配犬	あきらめ犬	無関心犬
独り言	そんなことすべきでない	彼らの責任だ	自分は役に立たない	私のせいだ	私には無理できない	どうせすべてうまくいかない	どうでもいい
ネガティブ感情	嫌悪・憤慨・嫉妬	怒り・不満	悲哀・憂鬱感	罪悪感・羞恥心	不安・怖れ	不安・憂鬱感・無力感	疲労感

※画像：「いらすとや」〈http://www.irasutoya.com/〉

さやきます。その人には罪悪感が生まれます。犬たちはそれらの感情を餌としてむしゃむしゃと食べ，少しずつ大きくなっていきます。そしてもっと頻繁に，もっと大きな声でささやきます。あなたが聞き流せないくらいに。では，みなさんの中にはどんな犬がいるのでしょうか。クラスメートの中にはどうでしょうか。実習 4 で考えてみましょう。

【実習 4】実習シート（☞ p.85）を見て，まず自分の中に住んでいると思う犬に○をつけます。次にその犬がよく出てくる状況を書きます。終わったらグループになり，書いたことを伝え合います。

多くの人が何らかの犬を飼っていることに気づいたでしょうか。複数の人もいたかもしれません。最も重要なことは，しっかりと「私は犬じゃない」と自覚することです。犬はあなたに言葉をささやくかもしれませんが，それに反応する必要はないのです。大事なのは犬にどう対処するかです。3 つの方法があります。

1）追放する

犬の言っていることがおかしければ，その犬を追放すべきです。例えば，友達が何かをうまくできた時に，「そんなの大したことない」とダメ出しばかりする人。その人は「批判犬」を飼っています。もしその人が「ダメ出しばかりしているとみんなが自分から去ってしまう」と気づいたら，その犬を追い出すと決めてください。一度追い出しても，しばらくたって気持ちが緩んだ時やいらいらしているときをねらって，犬はまたやってくるでしょう。でも「犬を追放する」と心に決めたら，何度でも押しやってください。必ずいつかは追放できます。

2）受　容

英語がほとんど話せないのに英語圏に留学したいと思っている人に，「今の私では無理ではないか」とささやく「心配犬」は，起こりうるリスクや無駄を減らそうとしてくれています。そんな時は心配犬を受容し，「もっと英語力をつけてからの方が成果が得られるのではないか」など，冷静に考えるチャンスとしましょう。

3）訓　練

その状況に応じて，犬の言葉を信じて良いのか，重く聞き過ぎていないか，軽く聞き過ぎていないか判断できるように訓練します。苦手なことをしなくてはならないときに，「どうせうまくいかない」と「あきらめ犬」がささやくと，やる前から憂鬱になりますよね。そんなときには，「あ，あきらめ犬がささやいている」と気づいた上で，「でも，今回はいつもよりよく準備してきた」「周りがどう見ようと自分ががんばったらうまくいったと思おう」と考えてみます。そうすることで心の柔軟性や対応の選択肢が生まれます。そのような訓練を繰り返し，犬を飼い馴らしていきます。

③自信をつける

折れない心を鍛えるためにまず必要なのが，自信をつけることです。「自信」は心理学用語では「自己効力感（self-efficacy）」と言います。今現在みなさんはどれくらい自己効力感をもっているのでしょうか。実習5で測ってみましょう。

【実習5】 実習シート（☞p.87）の質問の中で，あてはまるものに○，あてはまらないものに×を付けます。終わったら○の数を数えます。

自己効力感は低いから悪い，高いから良いということではありません。大切なのは実力相応の自信をもつことです。日本では謙虚であることが美徳とされているためか，力があっても「自分なんかまだまだダメだ」と思いこんでいる人が沢山います。過大な自信をもつのも問題ですが，自分の能力を実際より低く見積もり自信をもたないことも問題です。それは，自信がレジリエンスを高めるからです。例えば数学は苦手だけど英語は得意という人は，英語には自信をもっても良いはずです。しかし，しばしばできない数学の方を気にして，「私は勉強ができない」と思ってしまいます。そうすると自信が低くなり，勉強する気も折れます。そうではなく，できる方をきちんと見て，「私は英語はこの程度できる」と実力相応の自信をもちましょう。そうすると，「英語のように勉強したら数学ももう少しできるかもしれない」と意欲が湧いてきます。このように，自分ができること，得意なこと，好きなことに目を向けるようにしましょう。自己効力感は次の4つの方法で高めることができます。

1）実際に行い成功体験をもつ

これが最も効果が大きく，しかも効果が長続きする方法です。「締切までに宿題を出せた」「テストで目標の点を超えた」「明るい人だねと言われた」など，たとえ人から見たらちっぽけなことでも，自分で「やれた」と言えることがあると，自信を積み重ねることができます。

2）うまく行っている他人の行動をお手本にする

みなさんの中に，親や兄姉，先輩，あるいは有名人が仕事している姿を見て将来の進路を決めたり，人気者の友達の話し方を真似したりした経験がある人はいませんか。お手本は英語では「mentor（師匠）」といいます。お手本は自分の直接の経験ではありませんが，「こうするとうまく行く」という実例を見るので，自信を高める上で非常に効果的です。

Part I
Part II

3）他者からの励ましを受ける

受験のときあなたを励ましてくれた人は誰ですか。両親，先生，友達の誰かが「頑張れ」「あなたなら大丈夫」と背中を押してくれたのではないでしょうか。その言葉はあなたの自信を高めてくれたはずです。励ましは直接伝えるのも良いですが，後から何度でも見直すことができるため，手紙にするとさらに効果的です。

4）成功のような昂揚感を体験する

スポーツの試合前に選手たちが円陣を組み大声で気合を入れる，ボクシングの試合のときに力強く盛り上がる音楽で選手が入場する。彼らはこのような方法で気持ちを高揚させ，自信を高めています。

④長所を活かす

第４章でも出てきましたが，長所とは「strength（強み）」のことでもあります。自分の強みに気づきそれを活用している人は，心が折れにくくなります。あなたの強みは何ですか。第４章で紹介した強みを診断するツールをやっていない人は，ぜひやってみてください。

強みは普段あまりにも当たり前に使っているので，人から指摘されてもピンとこないかもしれません。「優しいね」「テニスうまいね」そんな風に褒められても，「そんなことないよ」「もっとうまい人がいるよ」と，受け取らなかったり否定したりする人が多くいます。でも，他の人から見ればそれはすばらしい強みなのだと，まず気づいてください。

そして，弱みではなく強みを活用しましょう。例えば，人と話すのは苦手だけどコンピューターのプログラミングは得意という人がいたら，その人はおそらく接客業につくよりプログラマーになった方がずっと能力を発揮し，周りからも評価され，自信をもって生きられるでしょう。どんな人にも強みと弱みがあります。弱みを克服しようとがんばることは大事ですし，学生のうちはそれが必要です。しかし，弱みしか使えない場所にいると，本来の能力を活かせず輝くのが難しくなります。

では，自分の苦手なことに出会ったらどうしたら良いのでしょう。弱みを補ってくれる人を見つけることです。例えばグループで何かを調べて発表するときに，プレゼンが上手なＡさんは発表，絵がうまいＢさんはポスター作り，コンピューターが得意なＣさんは情報検索を中心に行うというように，得意な分野に応じて役割分担するということは，すでに多くの人がしていると思います。その方がそれぞれの強みを発揮した良い発表になるはずです。一人で何もかもがんばることだけが良いわけではないのです。自分が苦手な分野があってそれを得意とする人がいたら，その人と組むことによって，お互いに強みを使って仕事をすることができます。それを可能にするのがコミュニケーションの力です。

⑤サポーターを作る

以前ハワイで行われた調査[2]によると，家庭環境に恵まれなかったけれどその後健全に育った子どもと健全に育たなかった子どもには，二つの大きな違いがありました。一つ目は本人の考え方で，ネガティブなことをポジティブにとらえることでした。二つ目は家族や親戚とのきずな，三つ目は牧師さんや先生，近所のお店の人に相談できるなどのサポートがあったことでした。生まれた環境に恵まれなくても，それに負けずに健全に育つためには，前向きな考え方の次に，周りの人からサポートをもらえることが大きかったのです。このように，周りの人からのサポートはレジリエンスを高める鍵です。

人生を豊かで幸福にする秘訣は人との親密性にあると言われています。周りの人と友好的な関係を築いている人は幸福度が高く，勉強や仕事でも成功する可能性が高いことがわかっています。それはなぜでしょうか。まず，周りの人と話すことが多いためです。人は話す行為自体に喜びを感じます。また話すことで癒やされたり，喜びが倍になったり，怒りが沈静化したりします。ですから，多くの他者と良い関係でつながっている人は，それだけ幸福度が高く，レジリエンスも高くなるのです。

もちろん，サポーターは数が多ければ良いというわけではありません。質も問題です。みなさんのサポーターは誰でしょうか。実習 6 で考えてみましょう。

【実習 6】 実習シート（☞ p.89）に，あなたを取り巻く人のネットワークを図で表します。終わったらグループを作り，お互いのネットワークについて説明します。

実習 6 で書いた人たちは，あなたという人間の本質を支えてくれる大事な存在です。その人たちを大切にしてください。

◉コラム 6 「レジリエンス」とは

「レジリエンス」という言葉は，全米心理学会では「逆境や困難，強いストレスに直面したとき，適応する精神力と心理的プロセス」と定義されています（American Psychological Association, 2014）。物理学では「弾性」と訳されます。「バネの力」，ボールが壁に当たってつぶれてもまた元の球体に戻るような力です。本書では「折れない力」と表現していますが，失敗や落ち込む経験をしたことでへこんだ人の心がもとに戻る力という意味です。

2）〈http://www.apa.org/helpcenter/road-resilience.aspx〉

⑥感謝の心を持つ

「感謝する」というと大げさですが，自分が相手から受けたことや今もっているものを価値あるものと認め，それを有難いと思うことです。人が示してくれたちょっとした親切，思いやり，尽力，勇気，自分が勉強することができること，ごはんが食べられること，今生きていることを当たりと思わずに，「それがあって嬉しかった」「良かった」と思うことです。感謝の気持ちをもつと幸福度が高まることは，科学的に立証されています。

では，どうしたらより感謝の気持ちをもてるようになるでしょうか。次の3つの方法が効果的です。

1）感謝日記を書く

日記を書いている人もいると思いますが，それを感謝というフレームで書きます。1日の終わりに，「今日こんな良い事があった。ありがたいな」と感謝する気持ちを書きます。

2）感謝の手紙を書く

感謝の気持ちはあるけれどそれを十分伝えられてない相手に，それを手紙にして送る方法です。実習7で実際に書いてみましょう。

【実習7】実習シート（☞ p.91）に，あなたが過去にお世話になったり助けられたりした人で，感謝を十分に伝えられていない人に向けて，感謝の気持ちを書きます。

3）3つの良いこと探し

上の二つよりはるかに簡単なのが，夜寝る前に3つの良いことを探して書き出す方法です。これを1週間続けた人とそうでない人をマーティン・セリグマン博士が比べたところ，前者の方がうつスコアが低く幸福度スコアが高かったそうです。しかもその効果は6か月後も続いていました。それは，その日に起こった3つの良いことを毎日探すうちに，幸せを見つけ

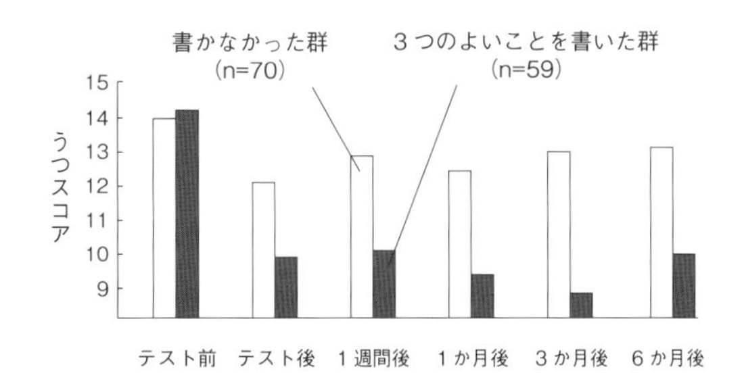

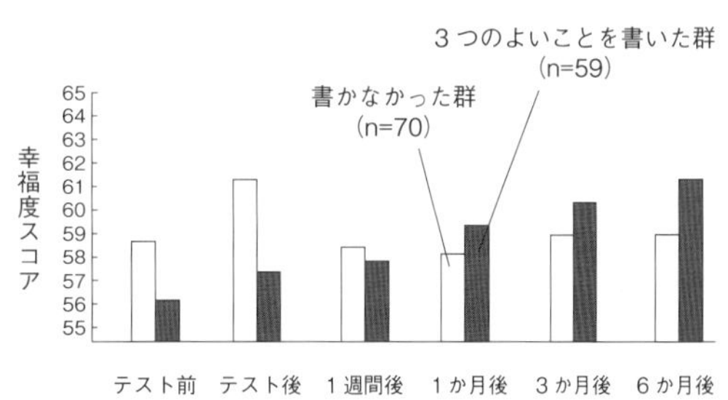

図 6-4 「3つのよいこと」プログラムの効果（Werner（1989）より）

るのが上手になったからだと思います。いくら良いことが沢山起こっても，それを見過ごしては幸せを感じません。身近なちょっとした幸せに気づけると，幸福度，そしてレジリエンスが高くなります。

⑦意味づけをする

いよいよレジリエンスの最後の階段です。映画やドラマや小説には，しばしば困難や逆境に出あった主人公がそれに立ち向かい，乗り越えて大きく成長していく話が出てきます。このように，人が危機に出会い，もがき奮闘した結果人間として成長することを，「Post Traumatic Growth（PTG）」と言います。それは，その経験を通して人間関係が変わったり，自分の強みについての理解が深まったり，新しい価値観が生まれたり，自信がついたり，生に対して感謝の気持ちが起きたりするためです。それでは，みなさんがこれまでに経験した危機的な状況はどんな状況でしたか。実習8で考えてみましょう。

【実習8】あなたの人生における危機的な状況を思い出し，それを乗り越えられた理由を考えて，実習シート（☞p.93）に書きます。

「危機」という漢字は，左は「危険（crisis）」の「危」ですが，右は「機会（chance）」の「機」です。こうしてみると，人生で私たちがぶつかる危機はそのまま落ちてゆく危険もありますが，それをバネにより大きく成長するチャンスでもあります。落ちてゆく危険性が高いほど，人はそうならないように必死に努力するために大きく成長します。そこで重要なのが，「危機をチャンスへ」と意味づけを変えることです。「テストで失敗した」「人に批判された」などの困難や逆境にあったとき，「勉強の方法を改善するチャンスができた」「自分を顧みる機会になった」というように。それをせずに，「先生の教え方が悪いから失敗した」「周りの人に恵まれていない」と言っていると，成長どころか，危機から立ち直れずそのまま落ちて行ってしまう可能性があります。

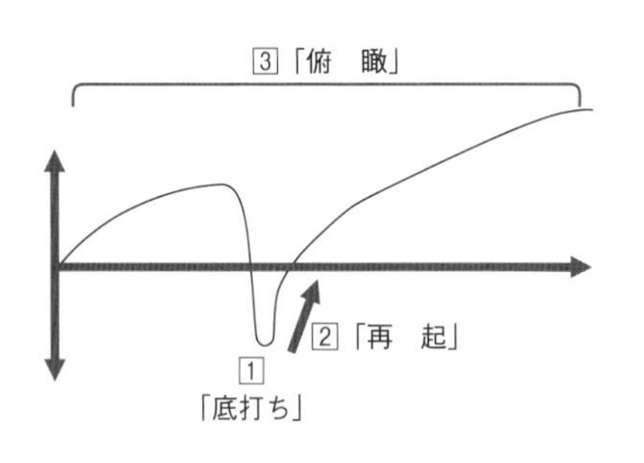

図6-5　危機を俯瞰する

そこで必要になるのが俯瞰する力です（図6-5）。その危機だけを見るのではなく，一歩引いた眼で自分の人生全体を眺め，「人生の中でこの出来事はどんな意味があるのだろう」と見ます。そして，過去の危機的な体験を，被害者の立場ではなく，それを乗り越えた人の立場で再構成します。それによって，その危機はチャンスだったと意味づけが変わります。実習9で練習しましょう。

【実習 9】実習 8 で書いたあなたの人生の危機的な状況を，乗り越えた人の立場から見直し，そこから学んだこと，その人生における意味を考えて書きます（実習シート☞ p.95）。終わったらグループになり，それを伝え合います。

ほかの人の話を聞いてみたらどうでしたか。それぞれの人が，それぞれの危機に出会い，それを乗り越えてきたことがわかったと思います。

私たちは生きている限り，困ったことや辛いこと，嫌なこと，悲しいことから逃れることはできません。誰もが直面します。そこで心が折れてしまうのか，それともそれをチャンスに変えて成長していくのかで，その人の人生は 180 度違うものになります。折れない心は天賦の才能ではなく，トレーニングで手に入るものです。質の高い人生にするために，レジリエンスを鍛えましょう。

◉コラム 7 「Post Traumatic Growth（PTG)」とは

PTG とは「Post（後)」「Traumatic（外傷)」「Growth（成長)」という言葉の頭文字を取った言葉で，「心的外傷後成長」を表す言葉です。文字通り，事故や災害に遭う，大きな病にかかる，大切な人を失うなどの，その人の人生を大きく揺るがすような危機的な体験をした人が，その辛さや苦しみの中でさまざまにもがき，葛藤することによって，精神的に成長を遂げることを意味します。

【参考文献―さらに理解をしたい方のために】

久世浩司（2014）．『世界のエリートが IQ・学歴よりも重視―レジリエンスの鍛え方』実業之日本社

American Psychological Association. (n.d.). *The Road to Resilience.* 〈http://www.apa.org/helpcenter/road-resilience.aspx〉

Ito, K., Schwarzer, R., & Jerusalem, M. (2005). *Japanese Adaptation of the General Self Efficacy Scale.* 〈http://userpage.fu-berlin.de/~health/japan.htm〉

Jacoba, E. (2002). *The art of dating: successful strategies for finding and keeping love.* Prahran, Victoria : EJA International

Kleiser, G. (2005). *Dictionary of proverbs.* New Delhi: A.P.H..

Werner, E. E. (1989). High-risk children in young adulthood: A longitudinal study from birth to 32 years. *American Journal of Orthopsychiatry,* **59**(1), 72–81.

Part Ⅱ
実習シート編

【実習 1・2】2 種類の聴き方を体験して

学科：＿＿＿＿＿＿＿ 番号：＿＿＿＿＿＿＿ 名前：＿＿＿＿＿＿＿＿

【実習 1】は「聞き流す」,【実習 2】は「積極的に聞く」という 2 種類の聴き方で，ペアの相手に話を聴いてもらいました。その体験をふり返って書いてください。

聞き流されたときと積極的に聞いてもらったときでは，自分の気持ちや話し方，話す内容，話す量，その他に何か違いはありましたか。それはどんな違いでしたか。

気持ち：＿＿＿＿＿＿＿＿＿＿＿＿＿＿＿＿＿＿＿＿＿＿＿＿＿＿

＿＿＿＿＿＿＿＿＿＿＿＿＿＿＿＿＿＿＿＿＿＿＿＿＿＿＿＿＿＿

話し方：＿＿＿＿＿＿＿＿＿＿＿＿＿＿＿＿＿＿＿＿＿＿＿＿＿＿

＿＿＿＿＿＿＿＿＿＿＿＿＿＿＿＿＿＿＿＿＿＿＿＿＿＿＿＿＿＿

話す内容：＿＿＿＿＿＿＿＿＿＿＿＿＿＿＿＿＿＿＿＿＿＿＿＿＿

＿＿＿＿＿＿＿＿＿＿＿＿＿＿＿＿＿＿＿＿＿＿＿＿＿＿＿＿＿＿

話す量：＿＿＿＿＿＿＿＿＿＿＿＿＿＿＿＿＿＿＿＿＿＿＿＿＿＿

＿＿＿＿＿＿＿＿＿＿＿＿＿＿＿＿＿＿＿＿＿＿＿＿＿＿＿＿＿＿

その他：＿＿＿＿＿＿＿＿＿＿＿＿＿＿＿＿＿＿＿＿＿＿＿＿＿＿

＿＿＿＿＿＿＿＿＿＿＿＿＿＿＿＿＿＿＿＿＿＿＿＿＿＿＿＿＿＿

【実習3・4】バックトラッキングとペーシングを体験して

☞ p.6

学科：＿＿＿＿＿＿＿ 番号：＿＿＿＿＿＿＿ 名前：＿＿＿＿＿＿＿＿

【実習3・4】では，相手の話を聞いてバックトラッキングとペーシングをしました。また，自分が話をして，相手からバックトラッキングとペーシングをしてもらいました。

それはどんな体験でしたか。ふり返って書いてください。

1）自分がバックトラッキングとペーシングを行い，どのように感じましたか。

＿＿＿＿＿＿＿＿＿＿＿＿＿＿＿＿＿＿＿＿＿＿＿＿＿＿＿＿＿＿

＿＿＿＿＿＿＿＿＿＿＿＿＿＿＿＿＿＿＿＿＿＿＿＿＿＿＿＿＿＿

＿＿＿＿＿＿＿＿＿＿＿＿＿＿＿＿＿＿＿＿＿＿＿＿＿＿＿＿＿＿

＿＿＿＿＿＿＿＿＿＿＿＿＿＿＿＿＿＿＿＿＿＿＿＿＿＿＿＿＿＿

2）相手からのバックトラッキングとペーシングを，どのように感じましたか。

＿＿＿＿＿＿＿＿＿＿＿＿＿＿＿＿＿＿＿＿＿＿＿＿＿＿＿＿＿＿

＿＿＿＿＿＿＿＿＿＿＿＿＿＿＿＿＿＿＿＿＿＿＿＿＿＿＿＿＿＿

＿＿＿＿＿＿＿＿＿＿＿＿＿＿＿＿＿＿＿＿＿＿＿＿＿＿＿＿＿＿

＿＿＿＿＿＿＿＿＿＿＿＿＿＿＿＿＿＿＿＿＿＿＿＿＿＿＿＿＿＿

【実習 1】短所を長所にとらえると

☞ p.9

学科：＿＿＿＿＿＿＿＿ 番号：＿＿＿＿＿＿＿＿ 名前：＿＿＿＿＿＿＿＿

左側に書かれた短所を長所としてとらえるとしたら，どのような表現になるでしょう。
それぞれ矢印の右側に書いてください。相談しないでそれぞれで考えてみましょう。

短　所		長　所
例）引っ込み思案	→	控え目
1）ケチ	→	
2）情に流されやすい	→	
3）行き当たりばったり	→	
4）群れたがる	→	
5）平凡	→	
6）飽きっぽい	→	
7）変人	→	

【実習 2】私の欠点

学科：＿＿＿＿＿＿ 番号：＿＿＿＿＿＿ 名前：＿＿＿＿＿＿

1）欠点のリスト

下のリストにある欠点の中で，自分に当てはまると思うものを３つ以上選び，
チェックをつけてください。

□ずうずうしい	□八方美人	□事なかれ主義	□せっかち	□自分勝手
□頑固	□空気が読めない	□怠け者	□のろま	□暑苦しい
□こずるい	□薄情	□淡泊	□未熟	□理屈っぽい
□衝動的	□口先だけ	□夢がない	□感情的	□優柔不断
□口下手	□妄想癖がある	□神経質	□投げやり	□しつこい
□仕切りたがり	□大ざっぱ	□人まかせ	□ケチ	□心配性
□無節操	□頼りない	□浪費家	□能天気	□視野が狭い
□負けず嫌い	□わがまま	□融通が利かない	□飽きっぽい	

2）なぜ自分にその欠点があると思うのか，理由を書いてください。
理由はいくつ書いてもかまいません。

例）欠点：わがまま

理由：子どもの頃からやりたいことはダメと言われても押し通してきたから。

欠点１：＿＿＿＿＿＿＿＿＿＿＿＿

理由：＿＿＿＿＿＿＿＿＿＿＿＿＿＿＿＿＿＿＿＿＿＿

欠点２：＿＿＿＿＿＿＿＿＿＿＿＿

理由：＿＿＿＿＿＿＿＿＿＿＿＿＿＿＿＿＿＿＿＿＿＿

欠点３：＿＿＿＿＿＿＿＿＿＿＿＿

理由：＿＿＿＿＿＿＿＿＿＿＿＿＿＿＿＿＿＿＿＿＿＿

【実習 3】リフレーミングを体験して

学科：____________ 番号：____________ 名前：____________

自分の欠点をほかの人がリフレーミングして返してくれました。
その体験をふり返って書いてください。

1）あなたにとってどのリフレーミングが心に響きましたか。それはなぜだと思いますか。

____

____

____

2）あなたの中に入ってこなかったのは，どのリフレーミングでしたか。
それはなぜだと思いますか。

____

____

____

3）この実習を通して，どんな気づきや学び，発見がありましたか。

____

____

____

【実習 4】好きだったセリフ

☞ p.11

学科：＿＿＿＿＿＿＿ 番号：＿＿＿＿＿＿＿ 名前：＿＿＿＿＿＿＿＿

1）今まで読んだり見たりした本，マンガ，映画のセリフの中で，あなたが好きだった，あるいは印象に残っているのは，どんなセリフですか。

例）「失った物ばかり数えるな！！！」『ONE PIECE（ワンピース）』

2）そのセリフのどんな点が好きだった，あるいは印象に残ったのでしょうか。

例）意識していなかったけど，そういえば，失くしたものや失敗したことをよく考えていることに気づかされたから。

Part I Part II

【実習 1】どんな感覚を使っていますか

☞ p.13

学科：＿＿＿＿＿＿＿ 番号：＿＿＿＿＿＿＿ 名前：＿＿＿＿＿＿＿＿

下の各質問を読んで，選択肢 A，B，C の中から自分に最も近いと思うものを 1 つ選び，○をつけてください。考えすぎないで直感でつけましょう。終わったら A，B，C それぞれの数を数えて，一番下の欄に書きこんでください。

	質　問	A	B	C
1)	洋服を買うときは主に＿＿＿＿で選ぶ	値段，機能	色や絵柄	着心地や肌触り
2)	楽しかった出来事を思い出すときは＿＿＿＿	言葉や声から	場面から	ワクワクした感覚から
3)	レストランで食事 を選ぶときは＿＿＿＿	値段やカロリーを考える	見た目に惹かれる	味を思い出す
4)	映画で印象に残るのは＿＿＿＿	名セリフ	映像の美しさ	感動
5)	人を思い出す時は主に＿＿＿＿を思い出す	名前	顔の映像	印象
6)	場所を探す時は＿＿＿＿	住所を見ながら探す	地図を見ながら探す	何となく歩いてみる
7)	「コーヒー」と聞いた時にまず思い浮かぶのは＿＿＿＿	ブルーマウンテン，モカなどの銘柄	コーヒーを飲んでいるシーン	香りや味わい
8)	手帳を選ぶとき重視するのは＿＿＿＿	機能性	デザイン	手触り，質感
9)	LINE のメッセージをつくるときによく使うものは＿＿＿＿	文章	スタンプ・イラスト・顔文字	動くスタンプ
○ の 数				

【実習２～4】視覚，聴覚，体感覚を使って話すことを体験して

☞ p.16

学科：＿＿＿＿＿＿＿ 番号：＿＿＿＿＿＿＿ 名前：＿＿＿＿＿＿＿＿

【実習２～4】で視覚，聴覚，体感覚を使って話をしました。それはどんな体験でしたか。その体験をふり返って書いてください。

1）視覚，聴覚，体感覚で話したとき，それぞれどの程度話しやすかったですか。
あてはまる番号に１つずつ○をつけてください。

1：とても話しにくかった　2：やや話しにくかった　3：どちらでもない
4：やや話しやすかった　5：とても話しやすかった

視　覚：　1　2　3　4　5

聴　覚：　1　2　3　4　5

体感覚：　1　2　3　4　5

2）視覚，聴覚，体感覚で話してみて，どのように感じましたか。あるいは何に気づきましたか。

例）今まで自分の話は伝わっていると思っていたが，そういえばよく聞き返された。それは視覚を多く使って話が飛んでいたのかもしれないと気づいた。

＿＿＿＿＿＿＿＿＿＿＿＿＿＿＿＿＿＿＿＿＿＿＿＿＿＿＿＿＿＿

＿＿＿＿＿＿＿＿＿＿＿＿＿＿＿＿＿＿＿＿＿＿＿＿＿＿＿＿＿＿

＿＿＿＿＿＿＿＿＿＿＿＿＿＿＿＿＿＿＿＿＿＿＿＿＿＿＿＿＿＿

＿＿＿＿＿＿＿＿＿＿＿＿＿＿＿＿＿＿＿＿＿＿＿＿＿＿＿＿＿＿

Part I
Part II

【実習 5】ほかの人の表象システムを考える体験をして

☞ p.16

学科：＿＿＿＿＿＿ 番号：＿＿＿＿＿＿ 名前：＿＿＿＿＿＿

【実習 5】で，ほかの人が話している様子を見て，聞いて，その人がどの感覚（表象システム）を使っているかを考えました。その体験をふり返って書いてください。

1）グループの人はどの感覚を使って話していると思いましたか。それぞれの人についてあてはまる感覚に○をつけ，なぜそう思うのか理由も書いてください。

1 人目：（ 視覚 ・ 聴覚 ・ 体感覚 ）を使っていると思った。
理由：

2 人目：（ 視覚 ・ 聴覚 ・ 体感覚 ）を使っていると思った。
理由：

3 人目：（ 視覚 ・ 聴覚 ・ 体感覚 ）を使っていると思った。
理由：

2）【実習 5】から気づいたこと，感じたことを書いてください。

例 1）今まで友達のことをゆっくり話す人だなあと思っていたが，体感覚を主に使っているのだと気づいた。

例 2）一つ聞くとすごく詳しい説明をしてくれる先生がいるが，聴覚を使う先生なのではないかと思った。

＿＿＿＿＿＿＿＿＿＿＿＿＿＿＿＿＿＿＿＿

＿＿＿＿＿＿＿＿＿＿＿＿＿＿＿＿＿＿＿＿

＿＿＿＿＿＿＿＿＿＿＿＿＿＿＿＿＿＿＿＿

【実習 6】あなたと身近な人の表象システム（宿題）

☞ p.17

学科：＿＿＿＿＿＿＿ 番号：＿＿＿＿＿＿＿ 名前：＿＿＿＿＿＿＿＿

宿題として，しばらくの間，あなたとあなたの両親や兄弟，親友などの身近な人の間のコミュニケーションを観察してください。コミュニケーションがうまくいった／うまくいかなかった場面で，その人はどの感覚を使っていましたか。あなたはどうでしたか。例を参考に書き込んでください。

	状況説明	その人が使っていた感覚	自分が使っていた感覚
うまくいかなかった場面	例）母がある場所を説明したが，説明がわからなくかったので聞いたら，「なんでわからないの？」と怒り出した。	例）「ほら，あそこに信号があったじゃない，そのずっと先をこっちに曲がって」と言うときに，指を指したり手を動かしていたので視覚だと思う。	例）「あそこってどこ？　ずっと先って何メートルくらい？」と数字を聞いたので聴覚を使ったと思う。
うまくいった場面			

【実習 1】私についている名札

学科：＿＿＿＿＿＿ 番号：＿＿＿＿＿＿ 名前：＿＿＿＿＿＿

あなたについている名札，そして過去つけていた名札をできるだけ沢山探して，箇条書きで書き出してください。

例）大学生，バスケットボール部のマネージャー，次女，○○小学校生徒，○○幼稚園園児，○○ピアノ教室生徒

【実習 2】名札が変わったら行動が変わった

学科：＿＿＿＿＿＿＿＿ 番号：＿＿＿＿＿＿＿＿ 名前：＿＿＿＿＿＿＿＿＿

小さいころから今までのことを思いだして，あなたについている名札が変わったら行動も変わったという経験を探してみましょう。できるだけ沢山探して，箇条書きで書きます。

例）・弟が生まれてお姉ちゃんになったら，母のお手伝いをするようになった。
・大学ではしっかりふるまっているが，帰省して親といるとつい甘えたりわがままを言ったりする。

【実習4】どこで強みを使っていますか

☞ p.22

学科：＿＿＿＿＿＿ 番号：＿＿＿＿＿＿ 名前：＿＿＿＿＿＿

【実習3】で行った「VIS-IS」の強み診断の結果，上位3つにあがったあなたの強みを一番上の欄に書きます。次にあなたが実習・演習・グループ課題，部活，飲み会の場にいるときに，その強みによって（その価値観に従って）どんな行動を取っているのかを書いてください。

（例）

あなたの強み（=価値観）／状況	創造性	向学心	親切心
実習・演習・グループ課題	教科書に書いていない方法を試す。	関連した文献を読む。	友達がわからないところを教える。
飲み会	変わったお店で開催する。	先輩から成功の秘訣を聞いておく。	一人になっている人に話しかける。

あなたの強み（=価値観）／状況			
実習・演習・グループ課題			
部　活			
飲み会			

【実習 2】今の価値観を探してみよう

☞ p.26

学科：＿＿＿＿＿＿ 番号：＿＿＿＿＿＿ 名前：＿＿＿＿＿＿

2人ペアになり，お互いの実習シートを交換して持ちます。一人が相手に 1）～12）の文を一つずつ読み，下線部に何が入るか聞き，答えをそこに書き込みます。聞かれた人は考えすぎずに直感で答えましょう。1）～3）には例が書いてあります。1）から始めてください。

1）努力とは，すなわち（例：継続すること）＿＿＿＿＿＿＿＿＿＿である。

2）（例：強い信念）＿＿＿＿＿＿＿＿＿＿が努力という状態をもたらす。

3）努力していると（例：成功）＿＿＿＿＿＿＿＿＿＿が手に入る。

4）チームワークとは，すなわち＿＿＿＿＿＿＿＿＿＿である。

5）＿＿＿＿＿＿＿＿＿＿がチームワークをもたらす。

6）チームワークがあると＿＿＿＿＿＿＿＿＿＿が手に入る。

7）優しさとは，すなわち＿＿＿＿＿＿＿＿＿＿である。

8）＿＿＿＿＿＿＿＿＿＿が優しさをもたらす。

9）優しいと＿＿＿＿＿＿＿＿＿＿が手に入る。

10）恋とは，すなわち＿＿＿＿＿＿＿＿＿＿である。

11）＿＿＿＿＿＿＿＿＿＿が恋をもたらす。

12）恋すると＿＿＿＿＿＿＿＿＿＿が手に入る。

【実習 3】2 種類の価値観

学科：＿＿＿＿＿＿＿＿ 番号：＿＿＿＿＿＿＿＿ 名前：＿＿＿＿＿＿＿＿

1）やる気を高める価値観

【実習 2】のシートにあった価値観の中で，自分のやる気を高めたり行動を後押ししたりするものを選び，下に書いてください。またそれ以外にも同じような価値観があったら，それも書いてください。

例）「努力は報われる」「為せば成る」「千里の道も一歩から」「情けは人のためならず」

2）行動にブレーキをかける価値観

今度は【実習 2】のシートにあった価値観の中で，自分に注意信号を発したり行動にブレーキをかけたりするものを選び，下に書いてください。またそれ以外にも同じような価値観があったら，それも書いてください。

例）「女の子は女らしく」「男なら泣くな」「沈黙は金」「出る杭は打たれる」

【実習 4】こんな価値観があったらいいな

学科：＿＿＿＿＿＿＿＿ 番号：＿＿＿＿＿＿＿＿ 名前：＿＿＿＿＿＿＿＿

1）これから人生の可能性を広げたり選択肢を増やしたりしたいと思うテーマをグループで一つ選び，□にチェックをつけます。

テーマ：□健康　□時間　□恋愛　□成功　□お金　□勉強　□努力
□友達

2）そのテーマについての価値観を，各自書き込みます（複数可）。全員が書き終わったら，どれがやる気を高めているか，ブレーキをかけているかを，グループで話し合います。
やる気を高めているものには☆，ブレーキをかけているものには★をつけます。
終わったら別のテーマについて同じことをします。

テーマ	価値観
例）お金	☆お金は安定をもたらす，★お金は人間関係を壊す，☆お金があれば幸せになれる

【実習 1】人間関係で嫌だと思うことは

学科：＿＿＿＿＿＿＿　番号：＿＿＿＿＿＿＿　名前：＿＿＿＿＿＿＿＿

1）あなたにとって今の学校の人間関係で「嫌だな」と思うことはどんなことか，下線の上に書いてください。

2）その嫌だと思う程度は 10 段階でいうとどれくらいか，右の数字に○を付けてください。（1：少しだけ嫌だなと思う～ 10：耐え難いほど嫌だと思う）

（例）仲良くなりたいのになかなかきっかけが掴めないこと　1 2 3 4 ⑤ 6 7 8 9 10

（例）一人でいたいときにも集まりに強制的に参加させられること　1 2 3 4 5 6 7 8 ⑨ 10

● ＿＿＿＿＿＿＿＿＿＿＿＿＿＿＿＿＿＿＿＿＿＿＿＿ 1 2 3 4 5 6 7 8 9 10

● ＿＿＿＿＿＿＿＿＿＿＿＿＿＿＿＿＿＿＿＿＿＿＿＿ 1 2 3 4 5 6 7 8 9 10

● ＿＿＿＿＿＿＿＿＿＿＿＿＿＿＿＿＿＿＿＿＿＿＿＿ 1 2 3 4 5 6 7 8 9 10

● ＿＿＿＿＿＿＿＿＿＿＿＿＿＿＿＿＿＿＿＿＿＿＿＿ 1 2 3 4 5 6 7 8 9 10

● ＿＿＿＿＿＿＿＿＿＿＿＿＿＿＿＿＿＿＿＿＿＿＿＿ 1 2 3 4 5 6 7 8 9 10

● ＿＿＿＿＿＿＿＿＿＿＿＿＿＿＿＿＿＿＿＿＿＿＿＿ 1 2 3 4 5 6 7 8 9 10

● ＿＿＿＿＿＿＿＿＿＿＿＿＿＿＿＿＿＿＿＿＿＿＿＿ 1 2 3 4 5 6 7 8 9 10

● ＿＿＿＿＿＿＿＿＿＿＿＿＿＿＿＿＿＿＿＿＿＿＿＿ 1 2 3 4 5 6 7 8 9 10

● ＿＿＿＿＿＿＿＿＿＿＿＿＿＿＿＿＿＿＿＿＿＿＿＿ 1 2 3 4 5 6 7 8 9 10

● ＿＿＿＿＿＿＿＿＿＿＿＿＿＿＿＿＿＿＿＿＿＿＿＿ 1 2 3 4 5 6 7 8 9 10

● ＿＿＿＿＿＿＿＿＿＿＿＿＿＿＿＿＿＿＿＿＿＿＿＿ 1 2 3 4 5 6 7 8 9 10

【実習 2】気持ちを切り替える方法

学科：＿＿＿＿＿＿＿＿ 番号：＿＿＿＿＿＿＿＿ 名前：＿＿＿＿＿＿＿＿

1）あなたはスポーツや運動（散歩，ラジオ体操などを含む）をしていますか？
　している人はどのくらい時間をかけていますか？

＿＿＿＿＿＿＿＿＿＿＿＿＿＿＿＿＿＿＿＿＿＿＿＿＿＿＿＿＿＿

＿＿＿＿＿＿＿＿＿＿＿＿＿＿＿＿＿＿＿＿＿＿＿＿＿＿＿＿＿＿

＿＿＿＿＿＿＿＿＿＿＿＿＿＿＿＿＿＿＿＿＿＿＿＿＿＿＿＿＿＿

2）あなたの気持ちをあげてくれる音楽はありますか？
　ある人は，好きな曲，アルバム，アーティストをできるだけ沢山書いてください。
　ロック，ジャズ，クラシックなど，音楽のジャンルは問いません。

＿＿＿＿＿＿＿＿＿＿＿＿＿＿＿＿＿＿＿＿＿＿＿＿＿＿＿＿＿＿

＿＿＿＿＿＿＿＿＿＿＿＿＿＿＿＿＿＿＿＿＿＿＿＿＿＿＿＿＿＿

＿＿＿＿＿＿＿＿＿＿＿＿＿＿＿＿＿＿＿＿＿＿＿＿＿＿＿＿＿＿

3）日記をつける習慣はありますか？　毎日でなくても，手帳やノートに自分の気持ちを
　書いたことはありますか？

＿＿＿＿＿＿＿＿＿＿＿＿＿＿＿＿＿＿＿＿＿＿＿＿＿＿＿＿＿＿

＿＿＿＿＿＿＿＿＿＿＿＿＿＿＿＿＿＿＿＿＿＿＿＿＿＿＿＿＿＿

＿＿＿＿＿＿＿＿＿＿＿＿＿＿＿＿＿＿＿＿＿＿＿＿＿＿＿＿＿＿

【実習 3】体験・価値観・反応

☞ p.36

学科：＿＿＿＿＿＿＿ 番号：＿＿＿＿＿＿＿ 名前：＿＿＿＿＿＿＿＿

【実習 1】で書いたあなたが人間関係で嫌だと思うことの中からいくつか選び，それを「体験」の欄に具体的に書いてください。次にそれによってどんな「反応」(感情) が起こったか，最後にその反応を生んだのは自分の中にどんな「価値観」があったのか，考えて書いてみましょう。

体　験	例）高校生に軽くぶつかられた
価値観	例）最近の高校生はマナーが悪い
反　応	例）イラッとした

【実習 4】あなたの中に住んでいる犬

☞ p.37

学科：＿＿＿＿＿＿ 番号：＿＿＿＿＿＿ 名前：＿＿＿＿＿＿

1）あなたの中にはどんな犬が住んでいますか。下の７種類の中で，自分の中にも住んでいると思う犬に◯を付けてください。複数住んでいる人は複数に◯をします。また，これ以外の犬が住んでいるという人は，それを欄外に書いてください。

思い込みタイプ	正義犬	批判犬	負け犬	謝り犬	心配犬	あきらめ犬	無関心犬
独り言	そんなことすべきでない	彼らの責任だ	自分は役に立たない	私のせいだ	私には無理できない	どうせすべてうまくいかない	どうでもいい
ネガティブ感情	嫌悪・憤慨・嫉妬	怒り・不満	悲哀・憂鬱感	罪悪感・羞恥心	不安・怖れ	不安・憂鬱感・無力感	疲労感

2）1）の犬は，どんな状態（相手，場面など）でよく出てきますか。考えて書いてください。

例）大勢の前で発表するときになると「心配犬」が出てきて，「ムリムリ，きっと失敗するよ」とささやく。

＿＿＿＿＿＿＿＿＿＿＿＿＿＿＿＿＿＿＿＿

＿＿＿＿＿＿＿＿＿＿＿＿＿＿＿＿＿＿＿＿

【実習 5】あなたの自己効力感

☞ p.38

学科：＿＿＿＿＿＿＿ 番号：＿＿＿＿＿＿＿ 名前：＿＿＿＿＿＿＿

各質問についてあてはまるものに○，あてはまらないものには×を付けてください。終わったら○の数を数え，10 点満点で何点になるか計算してください。

1）私は一生懸命頑張れば，困難な問題でもいつだって解決することができる	
2）反対があっても，自分の欲しいものを手に入れる手段や方法を探すことができる	
3）目的を見失わず，ゴールを達成することは私にとって難しいことではない	
4）予期せぬ出来事に遭遇しても，私は効率よく対処できる自信がある	
5）私は才知に長けているので，想定外の状況でもどうやって切り抜けたらいいか分かる	
6）必要な努力さえ惜しまなければ，私はほとんどの問題は解決できる	
7）自分の能力を信じているので，困難に立ち向かっても取り乱したりはしない	
8）問題に直面しても，いつもいくつかの解決策を見つけることができる	
9）苦境に陥っても，いつも解決策を考えつく	
10）どんなことが起ころうとも，私はいつも対処できる	

＿＿＿＿／10 点

（出典：「日本語版　一般自己効力　質問表」（Ito, K., Schwarzer, R., & Jerusalem, M., 2005）による）

【実習 6】あなたのサポーター

☞ p.40

学科：＿＿＿＿＿＿＿ 番号：＿＿＿＿＿＿＿ 名前：＿＿＿＿＿＿＿＿

あなたを取り巻く人のネットワークを図で表しましょう。

1）真ん中の丸の中にあなたの名前を書きます。
2）その周りに，家族，親戚，大学／専門学校，高校，中学，小学校，その前の友達，塾や習い事の仲間，学校の先生，近所の人など，自分と関係のある人の名前を書きます。
3）自分とそれらの人の間を線で結びます。

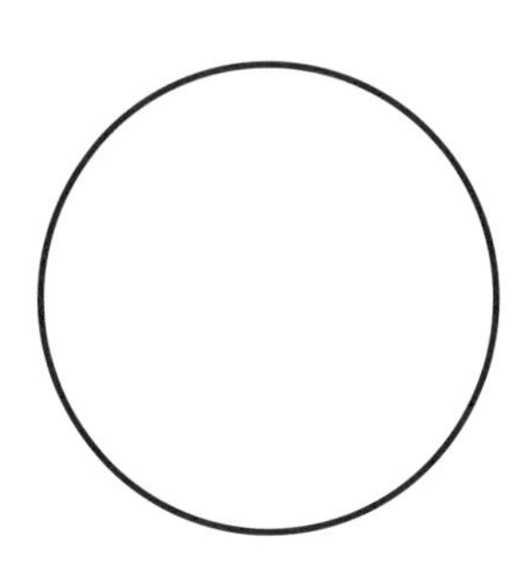

Part I
Part II

【実習 7】感謝の手紙

学科：＿＿＿＿＿＿＿＿ 番号：＿＿＿＿＿＿＿＿ 名前：＿＿＿＿＿＿＿＿

あなたが過去にお世話になったり助けられたりした人の中で，感謝を十分に伝えられていない人を思い出してください。その中から一人選び，その人に向けて感謝の気持ちを手紙に書きます。その人があなたにどんな親切な行動や好意的な態度を示してくれたのかを回想し，それがあなたにどんな良い影響を与えてくれたのか，それがなかったら今自分がどうなっていたのかを書きます。書いた手紙は本人に送っても良いし，自分の手元に置いておいても結構です。

【実習 8】危機を乗り越えて

学科：________ 番号：________ 名前：________

1）あなたの人生で危機的な状況だったのはどんなときでしたか。なるべく具体的に書いてください。

____

____

____

____

____

2）あなたがその危機を乗り越えることができたのは，どうしてだと思いますか。そこには感謝すべき人はいますか。

____

____

____

____

____

【実習 9】危機のもつ意味

学科：＿＿＿＿＿＿＿＿ 番号：＿＿＿＿＿＿＿＿ 名前：＿＿＿＿＿＿＿＿＿

実習シート 8 に書いた，あなたの人生の危機的な状況を踏まえて書きます。もし書いていない人は，あなたが陥ったスランプや不調から立ち直った具体的な経験について書いてください。必ず被害者の立場でなく，それを乗り越えた人の立場で書きます。

1）これらの経験からあなたは何を学びましたか。

＿＿＿＿＿＿＿＿＿＿＿＿＿＿＿＿＿＿＿＿＿＿＿＿＿＿＿＿＿＿

＿＿＿＿＿＿＿＿＿＿＿＿＿＿＿＿＿＿＿＿＿＿＿＿＿＿＿＿＿＿

2）これらの経験がその後のあなたの人生に意味があるとしたら，どんな意味だと思いますか。想像力を使って書いてください。

＿＿＿＿＿＿＿＿＿＿＿＿＿＿＿＿＿＿＿＿＿＿＿＿＿＿＿＿＿＿

＿＿＿＿＿＿＿＿＿＿＿＿＿＿＿＿＿＿＿＿＿＿＿＿＿＿＿＿＿＿

3）危機的な状況を俯瞰してみることで，あなたの人生に何か共通するものや大きな流れは見えますか。それは何ですか。

例）できない仕事を押しつけられ，嫌だったがノーと言えず引き受け，結果として失敗した。子どものころを思い出すと，親が怖くて何も言えなかった。俯瞰してみると，「相手に何も言えない」ということが共通しているようだ。

＿＿＿＿＿＿＿＿＿＿＿＿＿＿＿＿＿＿＿＿＿＿＿＿＿＿＿＿＿＿

＿＿＿＿＿＿＿＿＿＿＿＿＿＿＿＿＿＿＿＿＿＿＿＿＿＿＿＿＿＿

＿＿＿＿＿＿＿＿＿＿＿＿＿＿＿＿＿＿＿＿＿＿＿＿＿＿＿＿＿＿

おわりに

東京慈恵会医科大学を設立した高木兼寛先生は,「病気を診ずして病人を診よ」という言葉を残した。病人を診るとは一体どういうことなのか。それを模索していこうというのがこの授業の目的であった。

10 数年前，相模原病院の小児アレルギー外来で，自分が学んできたはずのエビデンスある治療や検査を受け取らない一部の患者さんたちにどうやって届けたらいいだろう，と考えあぐねて医学以外の知見を学びはじめたのがきっかけだった。医学の知識や技術それだけあっても，伝わらなければ何もならない。災害時にいくら物資があっても，それを被災者に届けなければ何にもならないのと一緒である。

そうした技法の学びを重ねるうちに，学びの輪が広がっていった。技法は技法にとどまらず，己の限界と向き合うことが医療者としての成長が必要だということもわかってきた。

こちらの書籍が単なる技法としてではなく，少しでも多くの学生のコミュニケーションの力の向上に役立つことを望む。

謝　辞

第 6 章の「レジリエンス」については，久世浩司氏の許可をいただいた上で，その著書『世界のエリートが IQ・学歴よりも重視―レジリエンスの鍛え方』を参考に記述しました。ここに記し，厚く御礼申し上げます。また，本書の土台となった授業は，千葉晴美さん，安次富好恵さんとともに作りました。感謝申し上げます。

「教師用参考書」について

このテキストを用いて授業を行う方の中で,「具体的にどのように授業をするのか知りたい」とお考えの方向けに，授業の進め方，コミュニケーションの授業を行うさいのちょっとしたコツなどを記した「教師用参考書」を用意しました。ご希望の方は，お名前とご連絡先を明記の上，メールでコミュニケーション・テキスト（communication.text2016@gmail.com）までご連絡をいただければ，PDF ファイルをお送りいたします。

■ **著者紹介**

杉原　桂（すぎはら かつら）
ユアクリニック秋葉原院長，医学博士。
東京慈恵会医科大学，昭和大学非常勤講師。

野呂幾久子（のろ いくこ）
東京慈恵会医科大学医学部教授，博士（情報科学）。

橋本ゆかり（はしもと ゆかり）
東京慈恵会医科大学，昭和大学非常勤講師。

コミュニケーション実践トレーニング

2017年2月28日　初版第1刷発行　（定価はカヴァーに表示してあります）
2024年3月31日　初版第7刷発行

著　者　杉原　桂
　　　　野呂幾久子
　　　　橋本ゆかり
発行者　中西　良
発行所　株式会社ナカニシヤ出版
〒606-8161　京都市左京区一乗寺木ノ本町15番地
Telephone　075-723-0111
Facsimile　075-723-0095
Website　http://www.nakanishiya.co.jp/
E-mail　iihon-ippai@nakanishiya.co.jp
郵便振替　01030-0-13128

装幀＝白沢　正／印刷・製本＝ファインワークス
Copyright © 2017 by K. Sugihara, I. Noro, & Y. Hashimoto
Printed in Japan.
ISBN978-4-7795-1120-2